大数据背景下的企业管理创新与实践

魏 浩 著

CCTP 中国商务出版社
CHINA COMMERCE AND TRADE PRESS

图书在版编目（CIP）数据

大数据背景下的企业管理创新与实践 / 魏浩著. -- 北京 : 中国商务出版社, 2021.11 （2023.3重印）
ISBN 978-7-5103-4109-0

Ⅰ. ①大… Ⅱ. ①魏… Ⅲ. ①企业创新－研究 Ⅳ. ①F273.1

中国版本图书馆CIP数据核字(2021)第226584号

大数据背景下的企业管理创新与实践
DASHUJU BEIJINGXIA DE QIYEGUANLI CHUANGXIN YU SHIJIAN
魏　浩　著

出　　版　中国商务出版社
地　　址　北京市东城区安定门外大街东后巷28号　　邮政编码：100710
网　　址　http://www.cctpress.com
电　　话　010-64212247（总编室）　010-64515164（事业部）
　　　　　010-64208388（发行部）
印　　刷　河北赛文印刷有限公司
开　　本　787毫米×1092毫米　1/16
印　　张　11.25
版　　次　2021年11月第1版　　印　　次：2023年3月第2次印刷
字　　数：230千字　　定　　价　60.00 元

前　　言

大数据所涉及的内容过于广泛，其中包括政治、教育、金融、传媒、医学、商业、工农业、互联网等方面，因此对于大数据，不同的学者基于不同的背景和不同的理解，对其有着不同的定义方式。

大数据信息蕴含巨大效益价值，为企业经营管理的创新变革发展，提供了科学有效的数据支撑，在大数据环境下各种类型的数据信息形成海量数据集，具备了信息多样性和容错性特点，企业应建立生态系统的企业网络，通过对数据的收集处理和监测分析，进一步完善创新管理方案，促进企业产业结构优化升级。

大数据具有 Volume(大量化)、Variety(多样化)、Value(价值)、Veloeity(快速化)的显著特点，全球数据信息从多种渠道源头产生，形成类型丰富的海量数据集，其中蕴含巨大的社会、科研经济价值，可以为各个领域的创新发展，提供科学合理的参考依据。大数据在企业管理中的挖掘应用，可以让企业整合大量内部信息和客户信息，管理人员通过对数据的客观分析，能够全面掌握客户的消费需求，有利于企业降低管控风险，提高经营管理和生产效率。

大数据所带来的是一个全新的商业模式，在企业管理过程中实现了巨大的价值和意义，企业管理者应积极与时代相互接轨，在大数据时代的背景下提升自身管理能力，增强企业竞争力，实现管理模式的全面创新。

综上所述，大数据环境下海量的数据信息整合，为企业管理创新提供了全新的发展思路，大数据的多样性特点，使企业经营发展规律的容错标准得以放宽，数据中蕴藏的巨大价值，导致商业发展管理决策模式出现了根本性变化。因此，企业要积极构建非结构化大数据平台，建立生态系统的企业发展网络通过对生产、销售等不同类型数据的监测分析，进一步推动企业管理和经营业务的创新和变革。

本书系统地阐述了大数据背景下企业管理的形势变化与创新实践。全书共有八章，主要包括大数据与企业管理，大数据时代的企业战略管理、企业人力资源管理、企业物流管理、企业财务管理、企业信息管理、企业专利管理和质量管理等方面的创新和实践。大数据是企业重要的战略资源，对促进企业科学决策，优化内部管理具有重要的作用。

本书可作为企事业单位管理或者相关专业研究人员的参考用书。由于水平有限，书中难免存在不妥与疏漏之处，敬请读者批评指正。

作　者

2021.6

目　录

第一章　大数据与企业管理

第一节　什么是大数据

一、大数据的定义和特征

大数据所涉及的内容过于广泛，其中包括政治、教育、金融、传媒、医学、商业、工农业、互联网等方面，因此基于不同的背景和不同的理解，不同的学者对于大数据有着不同的定义方式。大数据的发展是建立在较早经历信息爆炸学科的基础上的，用于“描述数据总量规模远远超出常用硬件环境和软件工具的处理能力的情形”。其中百度百科上大数据的定义是指“所涉及的资料规模巨大到无法透过目前主流软件工具，在合理时间内达到撷取、管理、处理、并整理成为帮助企业经营决策更积极目的的资讯”。研究机构 Gartner 给出的定义则是：大数据是需要新处理模式才能具有更强的决策力、洞察发现力和流程优化能力的海量、高增长率和多样化的信息资产。而全球知名咨询公司麦肯锡是这样定义大数据的：“大数据是指无法在一定时间内用传统数据库软件工具对其进行抓取、管理和处理的数据集合。”在维克托·迈尔舍恩伯格及肯尼斯·库克耶编写的《大数据时代》中，大数据是指不用随机分析法（抽样调查）这样的捷径，而采用所有数据进行分析处理。书中还提到了 IBM 提出的大数据的“5V”特点：Volume（大量）、Velocity（高速）、Variety（多样）、Value（低价值密度）、Veracity（真实性）。参考以上大数据的诸多定义，我们可以做出一个总结：大数据，指无法在一定时间范围内用常规软件工具进行捕捉、管理和处理的数据集合，是需要新处理模式才能具有更强的决策力、洞察发现力和流程优化能力的海量、高增长率和多样化的信息资产。

大数据技术的战略意义不在于掌握庞大的数据信息，而在于对这些含有意义的数据进行专业化处理。换言之，如果把大数据比作一种产业，那么这种产业实现盈利的关键在于提高对数据的“加工能力”，通过“加工”实现数据的“增值”。

要了解大数据，就不得不提到另一个名词云计算。关于大数据和云计算的关系，人们通常会有误解，而且也会把它们混为一谈。事实上，对于二者的关系，一个直白的解释就是：云计算是硬件资源的虚拟化；大数据是海量数据的高效处理。虽然这一句话的解释并不是完善的科学的定义，但是可以帮助我们简单理解二者的区别。一个更形象的解释就是，云计算相当于我们的计算机和操作系统，将大量的硬件资源虚拟化之后再进行分配使用。大数据相当于海量数据的“数据库”，而且纵观大数据领域的发展，当前的大数据处理一直在向着近似于传统数据库体验的方向发展。大数据的总体架构包括：数据存储、数据处理和数据分析。数据先要通过存储层存储下来，然后根据数据需求和目标来建立相应的数据模型和数据分析指标体系对数据进行分析产生价值；而中间的时效性又通过中间数据处理层提供的强大的并行计算和分布式计算能力来完成。三层相互配合，让大数据最终产生价值。

从技术上看，大数据与云计算的关系就像一枚硬币的正反面一样密不可分。大数据必然无法用单台的计算机进行处理，必须采用分布式架构。它的特色在于对海量数据进行分布式挖掘，但它必须依托云计算的分布式处理、分布式数据库和云存储、虚拟化技术。

随着云时代的来临，大数据也吸引了越来越多的关注。著云台的分析师团队认为，大数据通常用来形容一个公司创造的大量非结构化数据和半结构化数据，这些数据在下载到关系型数据库用于分析时会花费过多时间和金钱。大数据分析常和云计算联系到一起，因为实时的大型数据集分析需要像 MapReduce 一样的框架向数十、数百甚至数千的电脑分配工作。

大数据需要特殊的技术，以有效地处理大量的容忍经过时间内的数据。适用于大数据的技术，包括大规模并行处理数据库、数据挖掘电网、分布式文件系统、分布式数据库、云计算平台、互联网和可扩展的存储系统。

数据最小的基本单位是 bit，按顺序给出所有单位：bit、Byte、kb、m、GB、TB、PB、EB、ZB、YB、BB、NB、DB，它们按照进率 1 024（2 的十次方）来计算：

8bits Byte

1KB = 1 024 Bytes

1MB = 1 024KB = 1 048 576 Bytes

1GB = 1 024MB = 1 048 576 KB

1TB = 1 024GB = 1 048 576 MB

1PB = 1 024TB = 1 048 576 GB

1EB = 1 024PB = 1 048 576 TB

1ZB = 1 024EB = 1 048 576 PB

1YB = 1 024ZB = 1 048 576 EB

1BB = 1 024YB = 1 048 576 ZB

1NB = 1 024BB = 1 048 576 YB

1DB = 1 024NB = 1 048 576 BB

二、大数据的发展历史

1887—1890 年，美国统计学家赫尔曼・霍尔瑞斯为了统计 1890 年的人口普查数据，发明了自动制表机来读取卡片上的洞数，该设备让美国用一年时间就完成了原本耗时 8 年的人口普查活动，由此在全球范围内引发了数据处理的新纪元。

1935—1937 年，美国总统富兰克林・罗斯福利用社会保障法开展了美国政府最雄心勃勃的一项数据收集项目，IBM 最终赢得竞标，即需要整理美国的 2600 万个员工和 300 万个雇主的记录。共和党总统候选人艾尔弗・兰登嘲讽道：“要整理如此繁多的职工档案，还必须要调用大规模的现场调查人员去核实那些信息不完整的人员记录。”

1943 年，一家英国工厂为了破译第二次世界大战期间的纳粹密码，让工程师开发了一系列开创性的功能进行大规模数据处理的机器，并使用了第一台可编程的电子计算机进行运算。该计算机被命名为“巨人”，为了找出拦截信息中的潜在模式，它以每秒钟 5000 字符的速度读取纸卡，将原本需要耗费数周时间才能完成的工作量压缩到了几个小时。破译德国部队前方阵地的信息以后，该计算机帮助盟军成功登陆了诺曼底。

1997 年，美国宇航局研究员迈克尔・考克斯和大卫・埃尔斯沃斯首次使用“大数据”这一术语来描述 20 世纪 90 年代的挑战。在考克斯和埃尔斯沃斯案例中，超级计算机生成大量的信息模拟飞机周围的气流，但其无法被处理和可视化。数据集之大，超出了主存储器、本地磁盘，甚至远程磁盘的承载能力。他们称为“大数据问题。”

2002 年，在“9・11”事件后，美国政府为阻止恐怖主义已经涉足大规模数据挖掘。前国家安全顾问约翰・波因德克斯特领导国防部整合政府现有的数据集，组建一个用于筛选通信、犯罪、教育、金融、医疗和旅行等记录来识别可疑人员的大数据库。一年后国会因担忧公民自由权而停止了这一项目。

2004 年，“9・11”委员会呼吁反恐机构应统一组建“一个基于网络的信息共享系统”，以便能快速处理令人应接不暇的数据。到 2010 年，美国国家安全局的 30 万名员工已拦截和存储 17 亿页电子邮件、电话和其他通信日报。与此同时，零售商积累关于客户购物和个人习惯的大量数据，沃尔玛宣城其已拥有一个容量为 460 字节的缓存器，比当时互联网上的数据量还要多一倍。

2007—2008 年，随着社交网络的激增，技术博客和专业人士为“大数据”概念注入新的生机。“当前世界范围内已有的一些其他工具将被大量数据和应用算法所取代”。《连线》的克里斯・安德森认为当时处于一个“理论终结时代”。一些政府机构和美国的顶尖计算机科学家表示：“应该深入参与大数据计算的开发和部署工作，因为它将直接有利于许多任务的实现。”

2009 年 1 月，印度政府建立印度唯一身份识别管理局（Unique Identification Authority of India，UIDAI），对 12 亿人的指纹、照片和虹膜进行采集，并为每人分配 12 位的数字 ID 号码，将数据汇集到世界最大的生物识别数据库中。政府官员认为这一举动将会提高政府的服务效率和减少腐败行为，但批评者担心政府会针对个别人进行剖面分析，并泄露这些人的私密生活细节。

2009 年 5 月，美国总统奥巴马推出 data.gov 网站作为政府开放数据计划的部分举措。该网站有超过 4.45 万量的数据集被用于保证一些网站和智能手机应用程序的正常运转，以跟踪从航班到产品召回再到特定区域内失业率的信息，这一行动激发了肯尼亚、英国等国相继推出类似举措。

2009 年 7 月，为应对环球金融危机，联合国秘书长潘基文承诺创建警报系统，抓住“实时数据带给贫穷国家经济危机的影响”。联合国全球脉冲项目已对如何利用手机和社交网站的数据来源分析预测从螺旋价格到疾病爆发之类的问题进行了研究。

2011 年 2 月，IBM 的沃森计算机系统在智力竞赛节目《危险边缘》中打败了两名人类挑战者。后来《纽约时报》认为这是一个“大数据计算的胜利”的时刻。

2012 年 3 月，美国政府报告要求每个联邦机构都要有一个“大数据”的策略，作为回应，奥巴马政府宣布一项耗资 2 亿美元的大数据研究与发展项目。国家卫生研究院将一套人类基因组项目的数据集存放在亚马逊的云计算机内，同时国防部也承诺要开发出可“从经验中进行学习”的“自主式”防御系统。中央情报局局长戴维・彼得雷乌斯将军在发帖讨论“阿拉伯之春”机构通过云计算收集和分析全球社会媒体信息之事时，不禁惊叹人类已经被自卸卡车倒进了“数字尘土”中。

2012 年 7 月，美国国务卿希拉里・克林顿宣布成立一个名为“数据 2X”的公私合营企业，用来收集统计世界各地的妇女和女童在经济、政治和社会地位方面的信息。“数据不只是在测量过程中能给予我们启发，”她解释说，“人们一旦开始对某个问题实施测量，就更倾向于采取行动来解决它，因为没有人愿意排到名单的最底端去。”

2013 年 5 月，麦肯锡全球研究所发布了一份名为《颠覆性技术：技术改进生活、商业和全球经济》的研究报告，报告确认了未来 12 种新兴技术，而大数据正是这些技术的基石。

2014 年 5 月，美国白宫发布了 2014 年全球“大数据”白皮书的研究报告《大数据：

抓住机遇，守护价值》。报告鼓励使用数据以推动社会进步，特别是在市场与现有的机构并未以其他方式来支持这种进步的领域；同时也需要相应的框架、结构与研究，来帮助保护美国人对于保护个人隐私、确保公平或是防止歧视的坚定信仰。

2015 年 8 月，我国国务院印发《促进大数据发展行动纲要》，认为大数据已成为稳增长、促改革、调结构、惠民生和推动政府治理能力现代化的内在需要和必然选择，要求全面推进我国大数据发展和应用，加快建设数据强国。

2016 年，人工智能崛起，谷歌旗下 DeepMind 公司开发的 AlphaGo 系统在围棋比赛中击败人类顶尖棋手。在社会公益方面，大数据也起到了可喜的作用，例如，Polaris 等团体利用大数据来打击人口贩卖，美国疾病预防控制中心利用机器学习来阻止阿片类物质引发的 HIV 爆发，Spark 和 Hadoop 加快癌症研究等。同年，大数据黑客入侵事件频发，美国国税局、美国司法部、雅虎、甲骨文、威瑞森等都出现了数据泄露的问题。

2017 年 1 月，为加快实施国家大数据战略，推动大数据产业健康快速发展，我国工业和信息化部印发了《大数据产业发展规划（2016—2020 年）》，明确了“十三五”时期大数据产业的发展思路、原则和目标，鼓舞了我国大数据技术及产业的发展。

三、大数据技术盘点

（一）Hadoop MapReduce

思维模式转变的催化剂是大量新技术的诞生，新技术能够处理大数据分析所带来的挑战。扎根于开源社区，Hadoop 已经是目前大数据平台中应用率最高的技术，特别是针对诸如文本、社交媒体订阅以及视频等非结构化数据。除分布式文件系统之外，伴随 Hadoop 一同出现的还有进行大数据集处理的 MapReduce 架构。根据权威报告显示，许多企业都开始使用或者评估 Hadoop 技术来作为其大数据平台的标准。

（二）NoSQL 数据库

我们生活的时代，相对稳定的数据库市场中还在出现一些新的技术，而且在未来几年，它们会发挥作用。事实上，NoSQL 数据库在一个广义派系基础上，其本身就包含了几种技术。总体而言，他们关注关系型数据库引擎的限制，如索引、流媒体和高访问量的网站服务。在这些领域，相较关系型数据库引擎，NoSQL 的效率明显更高。

（三）内存分析

内存分析在个人消费电子设备以及其他嵌入式设备中的应用将会得到快速的发展。随着越来越多的价格低廉的内存用到数据中心中，如何利用这一优势对软件进行最大限度的优化成为关键的问题。内存分析以其实时、高性能的特性，成为大数据分析时代下的“新宠儿”。如何让大数据转化为最佳的洞察力，也许内存分析就是答案。大数据背景下，用户以及 IT 提供商应该将其视为长远发展的技术趋势。

（四）集成设备

随着数据仓库设备（Data Warehouse Appliance）的出现，商业智能以及大数据分析的潜能也被激发出来，许多企业将利用数据仓库新技术的优势提升自身竞争力。集成设备将企业的数据仓库硬件软件整合在一起，提升查询性能、扩充存储空间并获得更多的分析功能，并能够提供同传统数据仓库系统一样的优势。在大数据时代，集成设备将成为企业应对数据挑战的一个重要利器。

四、大数据的特征

从古至今，从未有一个时代出现过如此大规模的数据爆炸。信息技术的发展，互联网的普及，随之而产生的数据也呈现爆发性增长。

截至 2012 年，人类生产的所有印刷材料的数据量是 200PB，人类历史上的话语表达数据量大约是 5EB，而过去两年产生的数据占人类历史数据总量的 90%。

到 2006 年，全世界的电子数据存储量为 18 万拍字节，2011 年，这个数字已达到 180 万拍字节，短短时间内已经增长了一个数量级；2015 年，数据存储量达到 800 万拍字节的规模。概括起来说，大数据的特征大致可以划分为以下四个方面。

（一）大数据的规模性

大数据具有相当大的规模，其数据量非常巨大。数据的数量级别可划分为 B、KB、MB、GB、TB、PB、EB、ZB 等，而数据的数量级别为 PB 级别的才能称为大数据。在 2011 年，全球产生了 1.8ZB 的数据总量。根据 IDC 公司的预估，2025 年全球数据总量将达 175ZB。数据产生的速度越来越快，而且数据总量将呈现指数型的爆炸式增长。

（二）大数据的多类型性

大数据的数据类型呈现多样性，数据类型繁多，不仅包括结构化数据，还包括非结构化数据和半结构化数据；其中结构化数据即音频、图片、文本、视频、网络日志、地理位置信息等。传统的数据处理对象基本上都是结构化数据，而在现实中非结构化数据也是大量存在的，所以既要分析结构化数据，又要分析非结构化数据才能满足人们对数据处理的要求。

（三）大数据处理的快速性

处理大数据的速度越来越快，处理时要求具有时效性，因为数据和信息更新速度非常快，信息的价值存在的时间非常短，必须要求在极短的时间下在海量规模的大数据中摒除无用的信息来收集具有价值和能够利用的信息。所以随着大数据时代的到来，收集和提取具有价值的数据和信息必须要求高效性和短时性。

（四）大数据的预测性和潜在性

大数据的预测性即通过对一系列大数据进行分析，联系不同类型的大数据之间的关系，能够有效地对事件或事物的走向或者趋势进行预测，以便管理者做出决策。大数据的潜在性即从大数据的表面数据进行分析，进而得到大数据背后重要的有价值的信息，例如通过梳理事物间错综复杂的关系，最后可以精确地理解数据背后所隐藏的现实意义。

大数据时代的典型特点就是可以使预测变得更为精确。巴拉巴西 (Albert-L á szl ó Barab á si) 提出：人类 93%的行为是可以预测的。目前人类的数据处理能力在庞大的数据量面前还是太渺小，当数据处理能力提升到足以克服这一切后，混沌理论是否会黯然失色呢？一切都是否变得清晰起来，偶然性也将因为盖然性变得不那么模糊？或许人类处理能力提升的速度远远无法赶上数据的增长速度，混沌理论也将一直伴随着人类的发展。但不可否认的是，即使是以现在的处理能力，大数据也能极大地提升预测的精准度。

五、大数据的应用

大数据应用的基础是对数据的分析与挖掘，通过对数据的处理可以使大量的数据转化为多种具有价值的信息，进而为用户的决策提供帮助。例如，新浪微博是大数据时代典型的产物。微博颠覆了传统意义上普通信息媒介的传播方式，它具有传播速度快，传播范围广的特点，能在短时间形成飓风的传播效应，进而形成广泛的影响力。微博充分利用大数据的优势，它每一刻都在收集、整理、分析、储存海量的数据，在同一时间里所创造的数据总量是传统报纸、杂志、报刊的数倍，这是传统媒介传播方式所不能与之相比的；而且微博还通过众多用户的数据来分析、对比、跟踪用户行为和偏好，进而制定更加符合用户的产品。自从推出微博以后，新浪集团的股价从原来的长期横盘变为一路走高，给新浪带来了巨额的财富。

再如，美国有同样在大数据时代背景下成长起来的互联网公司 Google——一家致力于互联网科技、云计算、广告技术的互联网巨头。Google 所有的产品都是免费使用的，如日历、联系人、Gmail、Google＋以及 Android 系统，但是 Google 的盈利方式是什么呢？Google 的所有应用都是需要联网在线使用的，用户在线使用时，这些软件就会把用户的相关信息发送给 Google，例如，用户的个人行为、偏好等。这样的话，Google 的产品越丰富，它对用户的信息掌握推荐越多，就能更加准确地针对不同类型的客户推送不同类型的广告，使广告更具有价值。

在商业行为之外，大数据也有一席应用之地。在 2014 年的世界杯赛场上，德国队赢得了世界杯冠军，这个结果看似意料之外，其实也是意料之中，世界杯期间德国队做了充分的准备，在运动员足球鞋里面安装了感应器用来接收运动员的各种数据，实时反馈到电脑上，然后通过大数据、云计算等技术提供数据分析，从而确定合适的战略。

针对大数据的应用领域，可以进行如下的一个简单梳理。

（1）通信行业：XO Communications 通过使用 IBM 的 SPSS 预测分析软件，减少了将近一半的客户流失率。XO 现在可以预测客户的行为，发现行为趋势，并找出存在缺陷的环节，从而帮助公司及时采取措施，保留客户。此外，IBM 新的 Netezza 网络分析加速器，将通过提供单个端口到云端网络、服务、客户分析视图的可扩展平台，帮助通信企业制订更科学、合理决策。电信业者透过数以千万计的客户资料，能分析出多种使用者行为和趋势，卖给需要的企业，这是全新的资料经济。中国移动通过大数据分析，对企业运营的全业务进行针对性的监控、预警、跟踪。系统在第一时间自动捕捉市场变化，再以最快捷的方式推送给指定负责人，使他在最短时间内获知市场行情。NTT docomo 把手机位置信息和互联网上的信息结合起来，为顾客提供附近的餐饮店信息，接近末班车时间时，提供末班车信息服务。

（2）智慧医疗：Seton Healthcare 是采用 IBM 最新沃森技术的医疗保健内容分析预测的首个客户。该技术可以让企业找到大量病人相关的临床医疗信息，通过大数据处理，更好地分析病人的信息。在加拿大多伦多的一家医院，针对早产婴儿，每秒钟有超过 3000 次的数据读取。通过这些数据分析，医院能够提前知道哪些早产婴儿出现问题并且有针对性地采取措施，避免早产婴儿夭折。它让更多的创业者更方便地开发产品，比如通过社交网络来收集数据的健康类 App，它们收集的数据也许未来数年后能让医生给你的诊断变得更为精确，比方说在服药方面不是通用的成人每日三次一次一片，而是检测到你的血液中药剂已经代谢完成，便会自动提醒你再次服药。

（3）商业运营：辛辛那提动物园利用 iPad 版 Cognos，提供了通过单一视图查看管理即时访问的游客和商务信息的服务。借此，动物园可以获得新的收入来源并提高营收，并根据这些信息及时调整营销政策。数据收集和分析工具能够帮助银行设立最佳网点，确定最好的网点位置，帮助这个银行更好地运作业务，推动业务的成长。

（4）城市交通：通过在城市多处设置的传感器，我们能随时掌握在某个地方有多少辆汽车，车速是多少。有了这些数据就可以建立起模型进行分析，从而指导人们确定出行计划，避免拥堵。IBM 的六位数据分析工程师准备通过整合、分析现有交通数据，以及来自社交媒体 Twitter 的新数据源来医治波士顿的交通“恶瘤”。这些数据包括市政网联网能够实时采集的交通信号灯、二氧化碳传感器、甚至汽车的数据，这些数据能够帮助乘客重新调整路线，节省时间，节省汽油。

（5）汽车产业：在沃尔沃集团，通过在卡车产品中安装传感器和嵌入式 CPU，从刹车到中央门锁系统等形形色色的车辆使用信息，正源源不断地传输到沃尔沃集团总部。这些数据正在被用来优化生产流程，以提升客户体验及其信息的安全性。将来自不同客户的使用数据进行分析，可以让产品部门提早发现产品潜在的问题，并在这些问题发生之前提前向客户预警。

（6）仓储问题：在美国最大的医药贸易商 McKesson 公司，对大数据的应用也已经远远领先于大多数企业，将先进的分析能力融合到每天处理 200 万个订单的供应链业务中，并且监督超过 80 亿美元的存货。对于在途存货的管理，McKesson 开发了一种供应链模型，它根据产品线、运输费用甚至碳排放量而提供了极为准确的维护成本视图。这些详细信息使公司能够更加真实地了解任意时间点的运营情况。Goby 解释说：“大多数模型旨在简化物理世界，但这个模型极为复杂，并且包含我们的现实世界的全部数据。它允许我们量化业务运作的根本性变化所产生影响的细节。这个模型并不是一种简化版。”McKesson 利用先进分析技术的另一个领域是对配送中心内的物理存货配置进行模拟和自动化处理。评估政策和供应链变化的能力帮助公司增强了对客户的响应能力，同时减少了流动资金。总体来讲，McKesson 的供应链转型使公司节省了超过 1 亿美元的流动资金。

（7）客户跟踪分析：eBay 的分析平台每天的数据处理量高达 100PB，超过了纳斯达克证券交易所每天的数据处理量。为了准确分析用户的购物行为，eBay 定义了超过 500 种类型的数据，对顾客的行为进行跟踪分析。在早期，eBay 网页上的每一个功能的更改，通常由对该功能非常了解的产品经理决定，是否更改的判断依据主要是产品经理的个人经验。而通过对用户行为数据的分析，网页上任何功能的修改实际上都交由用户去决定。“每当有一个不错的创意或者点子，我们都会在网站上选定一定范围的用户进行测试。通过对这些用户的行为分析，来判断这个创意是否带来了预期的效果，”ebay 的相关人士说道。

（8）广告投放分析：eBay 对互联网广告的投入一直很大，通过购买一些网页搜索的关键字，将潜在客户引入 eBay 网站。为了衡量这些关键字广告的投入产出，eBay 建立了一个完全封闭式的优化系统，这个系统可以精确计算出每一个关键字为 eBay 带来的投资回报。通过对广告投放的优化，自 2007 年以来，eBay 产品销售的广告费降低了 99%，顶级卖家占总销售额的百分比却上升至 32%。《经济学人》使用 Social Flow 的服务来分析自己的受众群，并且选择在什么时间来推送一条什么样的消息；而百事可乐则用这种服务来比较不同的营销活动会得到什么样的传播效果。这些公司并不吝于为 Social Flow 的服务付费。在线广告已经成为了过去十年财富创造最可靠的来源。把消费者和销售者配对起来，以及创造新的消费者和销售者，这对于任何市场来说都是最重要的问题。弄清楚用户点击广告的动机和方式对于企业来说至关重要，因为企业通过分析数据，可以得知什么是正确的时间，谁是正确的用户，什么是应该发的正确内容。

（9）探索人生：现在，透过一款精心设计的 Mobile App，大家可以记录每天所走过的路以及相关的对话，并且回答一些有趣的问题。而这些数据经过分析之后，分析专家们将试图找出其中的关联性，并借此找出人们所关心的事物。这个名为“巨量数据中的人类面貌”（Human Face of Big Data）的计划，系由计算机系统商易安信（EMC）等单位所赞助（其他的赞助者还包括 Cisco、FedEx、VMware、Tableau、Originate），希望透过行动连网与数据分析的技术，探索大众“生命中的一天”（Day in the Life）的轮廓。透过 App 来收集世界各地的用户对于特定问题的看法，找出对于大众生活的若干观察。在收集人们的大量信息之后，将有助了解大众对于家庭、信任、安全、睡眠、两性关系与约会等议题的看法，同时参与者也能够比较自己和来自世界各地的人们的答案，也可借此观察出不同地区、不同种族的人们的价值观和生活风格。

（10）城市管理：“我在纽约市应急管理部门工作，收集纽约的地理信息和数据，包括医院、警察局、天气变化等，然后为可能发生的紧急事件提供预案，”一位叫作 Timothie Biggs 的女士介绍自己，“也许我们以后也会收集社交网络上的数据，因为你会更快地知道发生了什么。”

（11）政府作为：在一个被称作为“面包实时在线价格”（Real-Time E-pricing of Bread）的项目中，Global Pulse 在 6 个拉丁美洲国家建立了每日价格指数。这个研究发现在线零售价格由于和线下价格的波动有联系，能比官方的数据更早发现通货膨胀的苗头。在另一个研究中，Global Pulse 希望发现社交网络中情绪和失业率之间的关系。在爱尔兰，当社交网络上“困惑”和“沮丧”这些指标升高 3 个月后，失业率也会升高；而在美国，发生在失业率升高之前持续升高的是“愤怒”这一指标。当然，也许对政府部门而言更有意义的是失业之后他们在谈论些什么：在“失业”指标上升 2 个月后人们在谈论“房子”，这也许意味着他们准备卖掉自己的房产；几个月过后，谈论“公交”和“地铁”的人数在上升，这也许意味着他们承担不起开车的油费，或者已经准备将车卖掉。“政府现在得到的数据是滞后的，他们做出决定的过程也非常漫长。等政策出台几年后出现问题时，时间也不可能倒流”。如果一个政府做决定能像广告商根据数据分析更新自己的营销策略一样快，那这个世界也许会变得更美好一些。

（12）个人服务：未来会陆续出现更多的与复杂的数据相关的创业公司，而并非由大公司主宰一切。“这些数据将分散在各个领域，你的行车路线、你经常出现的地点、你喜欢的颜色、经常买的东西、社交网站上的观点和言论，这些都会成为个人数据的一部分，它们可以用来服务每个人”。而位于加州帕洛阿托的创业公司 Alohar 开发的 Placeme 正是这样一款产品。它看上去是一款普通的地理位置应用软件，而事实上，它能自动记录你经常出现的地理位置，并自动生成为数据图表。这些信息会帮助分析每日的行程路线、生活必需场所，甚至驾驶里程与汽油存量的关系（因为它知道你上一次在哪里加过油），它们在一起将会变成一款“个人生活助理工具”。这应该是把复杂的数据聚合在一起对个人直接产生辅助（而非广告）的第一个工具。

（13）零售业："我们的某个客户，是一家领先的专业时装零售商，通过当地的百货商店、网络及其邮购目录业务为客户提供服务。公司希望向客户提供差异化服务，针对如何定位公司的差异化这一问题，他们通过从 Twitter 和 Facebook 收集社交信息，更深入地理解化妆品的营销模式，随后他们认识到必须保留两类有价值的客户：高消费者和高影响者。公司希望通过接受免费化妆服务，让用户进行口碑宣传，这是交易数据与交互数据的完美结合，为业务挑战提供了解决方案。" Informatica 的技术帮助这家零售商用社交平台上的数据充实了客户主数据，使他的业务服务更具有目标性。零售企业也监控客户的店内走动情况以及与商品的互动情况。它们将这些数据与交易记录相结合来展开分析，从而在销售哪些商品、如何摆放货品以及何时调整售价上给出意见，此类方法已经帮助某领先零售企业减少了 17%的存货，同时在保持市场份额的前提下，增加了高利润率自有品牌商品的比例。

（14）市场研究：微软正在通过对论坛、社交媒体上内容的监测，来发现人们对微软产品和营销活动的反应。2012 年夏天微软 Windows 8 发布后，就采用了传统数据收集和实时数据收集的两种手法。微软表示："我们对网络反馈信息的收集是连续的和实时的，我们也依然使用传统的消费者满意度调研，最终会将两者产生的数据结合起来进行分析。但是前者那种以天为单位的市场信息捕捉，能够使我们更快地对市场做出反应。"

（15）快餐行业：麦当劳的部分门店安装了收集运营数据的装置，用于跟踪客户互动、店内客流和预订模式，研究人员可以对菜单变化、餐厅设计以及培训等是如何对劳动生产力和销售额的影响进行建模。

（16）铁路系统：东日本旅客铁道株式会社在车站里设置了内置摄像机的触屏式自动售货机，用于识别顾客的性别和年龄等，在屏幕上显示推荐商品，扩大了销售额。这套系统除了顾客的属性之外，还按照天气、气温和时间分别积累了商品的销售额记录，建立了预测消费者行为方式的模型。

（17）能源行业：目前，欧洲已经把智能电网做到了终端，也就是所谓的智能电表。在德国，为了鼓励利用太阳能，会在家庭安装太阳能，除了卖电给住户，当他们的太阳能有多余电的时候，还可以买回来。通过电网收集每隔五分钟或十分钟收集一次数据，收集来的这些数据可以用来预测客户的用电习惯等，从而推断出在未来 2 ~ 3 个月的时间里，整个电网大概需要多少电。有了这个预测后，就可以向发电或者供电企业购买一定数量的电。因为电像期货一样，如果提前买就会比较便宜，买现货就比较贵，而通过这个预测，可以降低采购成本。维斯塔斯风力系统，依靠的是 BigInsights 软件和 IBM 超级计算机，然后对气象数据进行分析，找出安装风力涡轮机和整个风电场最佳的地点。利用大数据，以往需要数周的分析工作，现在 1 小时之内便可完成。

在当今的互联网时代，大数据正在或者说已经融入了我们生活的方方面面，大数据影响着每一个社会主体包括决策层的一举一动。

第二节　企业管理概论

一、企业管理概念

企业管理（Business Management）是企业为实现利润最大化而对企业的生产经营活动进行组织、计划、指挥、监督和调节等一系列职能的总称。这一定义说明了管理采用的措施是计划、组织、控制、激励和领导这五项基本活动。这五项活动又被称为管理的五大基本职能。所谓职能是指人、事物或机构应有的作用，每个管理者工作时都是在执行这些职能的一个或几个。

计划职能包括对将来趋势的预测，根据预测的结果建立目标，然后要制订各种方案、政策以及达到目标的具体步骤，以保证组织目标的实现。国民经济五年计划、企业的长期发展计划以及各种作业计划都是计划职能的典型例子。

组织职能一方面是指为了实施计划而建立起来的一种结构，该种结构在很大程度上决定着计划能否得以实现；另一方面是指为了实现计划目标进行的组织过程。比如，要根据某些原则进行分工与协作，要有适当的授权，要建立良好的沟通渠道等等。组织职能对完成计划任务具有保证作用。

控制职能是与计划职能紧密相关的，它包括制订各种控制标准；检查工作是否按计划进行，是否符合既定的标准；若工作发生偏差要及时发出信号，然后分析偏差产生的原因，纠正偏差或制订新的计划以确保实现组织目标。用发射的导弹飞行过程来解释控制职能是一个比较好的例子。导弹在瞄准飞机发射之后，由于飞机在不断运动，导弹的飞行方向与这个目标将出现偏差，这时导弹中的制导系统就会根据飞机尾部喷气口所发出的热源来调整导弹的飞行方向，直到击中目标。

激励职能和领导职能主要涉及的是组织活动中人的问题：要研究人的需要、动机和行为；要对人进行指导、训练和激励，以调动他们的工作积极性；要解决下级之间的各种矛盾；要保证各单位、各部门之间信息渠道畅通无阻等。

二、企业管理的范畴

企业管理的内容包括了企业发展过程的全部工作内容。

按照管理对象划分为：人力资源、项目、资金、技术、市场、信息、设备与工艺、作业与流程、文化制度与机制、经营环境等。现代企业管理一般将管理分成业务管理和行为管理。业务管理更侧重于对组织的各种资源的管理，比如财务、材料、产品等相关的管理。而行为管理则更侧重于对组织成员行为的管理，以此而产生了组织的设计、机制的变革、激励、工作计划、个人与团队的协作、文化等的管理。企业的业务管理和行为管理应该是相辅相成的，就像人的两只手一样，要配合起来才能更好地发挥管理的作用。如果其中任何一只手出了问题，都会对管理的整体带来损失，甚至让企业管理停滞不前，受到严重的阻力。

按照成长过程和流程划分为：项目调研→项目设计→项目建设→项目投产→项目运营→项目更新→项目二次运营→三次更新等周而复始的多个循环。

按照职能或者业务功能划分为：计划管理、生产管理、采购管理、销售管理、质量管理、仓库管理、财务管理、项目管理、人力资源管理、统计管理、信息管理等。

按照层次划分为：经营层面、业务层面、决策层面、执行层面、职工层面等。

按照资源要素划分为：人力资源、物料资源、技术资源、资金、市场与客户、政策与政府资源等。

三、企业管理的发展历史

（一）企业管理的产生

企业管理是社会化大生产发展的客观要求和必然产物，是由人们在从事交换过程中的共同劳动所引起的。在社会生产发展的一定阶段，一切规模较大的共同劳动，都或多或少地需要得到指挥，以协调个人的活动；通过对整个劳动过程的监督和调节，使单个劳动服从生产总体的要求以保证整个劳动过程按人们预定的目的正常进行。尤其是在科学技术高度发达、产品日新月异、市场瞬息万变的现代社会中，企业管理就显得愈益重要。

（二）企业管理的发展阶段

企业管理的发展大体经历以下 3 个阶段。

1.18 世纪末—19 世纪末的传统管理阶段

这一阶段出现了管理职能同体力劳动的分离，管理工作由资本家个人执行，其特点是一切凭个人经验办事。

2.20 世纪 20—40 年代的科学管理阶段

这一阶段出现了资本家同管理人员的分离，管理人员总结管理经验，使之系统化并加以发展，逐步形成了一套科学管理理论。

3.20世纪50年代以后的现代管理阶段

这一阶段的特点是：从经济的定性概念发展为定量分析，采用数理决策方法，并在各项管理中广泛采用电子计算机进行控制。

四、企业管理的演变

企业管理的演变是指企业在发展过程中，其管理方法和手段的变化必经的过程，演变通常由三个阶段构成：经验管理阶段、科学管理阶段、文化管理阶段。

（一）经验管理阶段

企业规模比较小，员工在企业管理者的视野监视之内，企业管理靠人治就能够实现。在经验管理阶段，对员工的管理前提是经济人假设，即认为人性本恶，天生懒惰，不喜欢承担责任，有这种看法的管理者会采用以外激为主的激励方式，激励方式是“胡萝卜加大棒”，对员工的控制也是外部控制，主要是控制人的行为。

（二）科学管理阶段

企业规模比较大，靠人治则鞭长莫及，所以要把人治变为法治；对人性的认识还是以经济人假设为前提，但是靠规章制度来管理企业。其对员工的激励和控制还是外部的，通过惩罚与奖励来使员工工作，员工因为期望得到奖赏或害怕惩罚而工作，员工按企业的规章制度去行事，在管理者的指挥下行动，管理的内容是管理员工的行为。

（三）文化管理阶段

企业的边界模糊，管理的前提是社会人假设，即认为人性本善，人是有感情的，喜欢接受挑战，愿意发挥主观能动性，积极向上。这时企业要建立相应的以人为本的文化，通过人本管理来实现企业的目标。

文化管理阶段并不是没有经验管理和科学管理，科学管理是实现文化管理的基础，经验仍然是必要的，文化如同软件，制度如同硬件，二者是互补的。只是由于到了知识经济时期，人更加重视实现个人价值的实现，对人性的尊重就显得尤为重要，因此企业管理要以人为本。

五、企业管理文化

企业管理文化，或称组织文化（Corporate Culture 或 Organizational Culture），是一个组织由其价值观、信念、仪式、符号、处事方式等组成的其特有的文化形象。广义上说，文化是人类社会历史实践过程中所创造的物质财富与精神财富的总和；狭义上说，文化是社会的意识形态以及与之相适应的组织机构与制度。而企业文化则是企业在生产经营实践中，逐步形成的，为全体员工所认同并遵守的、带有本组织特点的使命、愿景、宗旨、精神、价值观和经营理念，以及这些理念在生产经营实践、管理制度、员工行为方式与企业对外形象的体现的总和。它与文教、科研、军事等组织的文化性质是不同的。

企业管理文化是企业的灵魂，是推动企业发展的不竭动力。它包含着非常丰富的内容，其核心是企业的精神和价值观，这里的价值观不是泛指企业管理中的各种文化现象，而是企业或企业中的员工在从事商品生产与经营中所持有的价值观念。

六、企业管理的架构

（一）组织架构的四要素

企业组织架构设计没有固定的模式，会根据企业生产技术特点及内外部条件而有所不同。但是，组织架构变革的思路与章法还是能够借鉴的。

组织架构变革应该协同好以下 4 个结构：

（1）职能结构，一项业务的成功运作需要多项职能共同发挥作用，因此在组织架构设计时首先应该确定企业经营到底需要哪几个职能，然后确定各职能间的比例与相互之间的关系。

（2）层次结构，即各管理层次的构成，也就是组织在纵向上需要设置几个管理层级。

（3）部门结构，即各管理部门的构成，也就是组织在横向上需要设置多少部门。

（4）职权结构，即各层次、各部门在权利和责任方面的分工及相互关系。

（二）影响因素

1. 企业环境

企业要生存和发展，就必须不断地适应环境的变化，满足环境对组织提出的各种要求。因此，环境是决定管理者采取何种类型组织架构的一个关键因素。环境因素可以从两个方面影响组织架构的设计，即环境的复杂性和环境稳定性。

外部环境指企业所处的行业特征、市场特点、经济形势、政府关系及自然环境等。外部环境对组织的职能结构、层次结构、部门结构以及职权结构都会产生影响。

2. 企业规模

企业规模是影响企业组织设计的重要因素，企业的规模不同，其内部结构也存在明显的差异。随着企业规模的不断扩大，企业活动的内容日趋复杂，人数逐渐增多，专业分工不断细化，部门和职务的数量逐渐增加。这些都会直接导致组织架构复杂性的增加。企业规模越大，需要协调与决策的事务将会不断增加，管理幅度就会越大；但是，管理者的时间和精力是有限的。这一矛盾将促使企业管理层级增加并产生更多的分权。因此，企业规模的扩大将会使组织的层级结构、部门结构与职能结构会发生相应的变化。

3. 业务特点

如果企业业务种类众多，就要求组织有相应的资源和管理手段与之对应，来满足业务的需要，因此部门或岗位设置上就会更多，所需人员就更多，组织相对复杂。一般情况下，业务种类越多，组织内部部门或岗位设置就要越多。

企业的各个业务联系越紧密，组织机构设计就越需要考虑部门及部门内部的业务之间的相互作用，越不能采用分散的组织机构，这种情况下就更适合采用直线职能制或矩阵式组织机构。一般而言，业务相关程度越大，越要进行综合管理。

4. 技术水平

组织的活动需要利用一定的技术和反映一定技术水平的特殊手段来进行。技术以及技术设备的水平，不仅影响组织活动的效果和效率，还会作用于组织活动的内容划分、职务设置等方面。

有些企业技术力量较强，他们以技术创新和发展作为企业发展的根本，这时候的组织机构关键是考虑技术发展问题，组织设计也以技术及其发展创新为主。当技术能够带来高额利润时，技术管理和利用就显得相当重要，技术管理就会成为企业组织机构设置的核心问题，以及组织机构设置的主线。生产技术越复杂，组织架构垂直分工越复杂，这将导致组织的部门结构增加，从而也增加了企业横向协调的工作量。在传统企业中，各个企业的技术都差不多，企业的主要利润点不在技术上，那么技术就不会过多地影响企业组织机构的设置，组织机构的设置更多地考虑诸如渠道管理、成本降低等，并以这些因素作为组织机构设计的主线。因此，这类惯性高的工作可考虑采用与标准化相协调的控制结构，组织架构具有较高的正式性和集权性。

5. 人力资源

人力资源是组织架构顺利实施的基础。在组织架构设计中，对人员素质的影响考虑不足会产生较严重的问题。员工素质包括价值观、智力、理解能力、自控能力和工作能力。当员工素质提高时，其本身的工作能力和需求就会发生变化。对于高素质的员工，管理制度应有较大的灵活性，例如弹性的工作时间、灵活的工作场所（例如家庭办公）、较多的决策参与权以及有吸引力的薪资福利计划等。

人力资源状况会对企业的层级结构产生影响，管理者的专业水平、领导经验、组织能力较强，就可以适当地扩大管理幅度，反之，就会导致管理层级的减少。

人力资源状况会对企业的部门结构产生影响，如实行事业部制，就需要有比较全面领导能力的人选担任事业部经理；若实行矩阵结构，项目经理人选要求具备较高的威信和良好的人际关系，以适应其责多权少的特点。

人力资源状况还会对企业的职权结构产生影响，企业管理人员管理水平高，管理知识全面，经验丰富，有良好的职业道德，管理权力可较多地下放。

6. 信息化建设

网络技术的普及和发展使企业组织机构的存在基础发生巨大的变化，电子商务技术的发展使信息处理效率大幅提高，企业网络内每一终端都可以同时获得全面的数据与信息，各种计算机辅助手段的应用使中层管理人员的作用日渐式微，网络技术使企业高层管理人员通过网络系统，低成本地及时过滤各个基层机构形成的原始信息。因此当企业建成高水平的信息系统后，应及时调整其组织架构，采用扁平化的组织架构来适应新兴电子商务经营方式，以减少中层管理人员，提高效率，降低企业内部管理成本。

信息技术使企业的业务流程发生根本性的变化，改革了企业经营所需的资源结构和人们之间劳动组合的关系，信息资源的重要性大大提升。组织架构的设计应该从原来庞大、复杂、刚性的状态中解脱出来，这样的组织更有利于信息的流动，并趋于简化。

七、企业管理的六种模式

未来企业管理的目标模式是以制度化管理模式为基础，适当地吸收和利用其他几种管理模式的某些有用的因素。因为制度化管理比较“残酷”，适当地引进一点亲情关系、友情关系、温情关系确实有好处；有时甚至也可以适当地对管理中的矛盾及利益关系做一点随机性的处理，“淡化”规则，以缓解过于呆板的制度化模式。

（一）亲情化管理模式

这种管理模式利用家族血缘关系中的一个很重要的功能，即内聚功能，也就是试图通过家族血缘关系的内聚功能来实现对企业的管理。从历史上看，虽然一个企业在其创业的时期，这种亲情化的企业管理模式确实起到过良好的作用；但是当企业发展到一定程度的时候，尤其是当企业发展成为大企业以后，这种亲情化的企业管理模式很快就会出现问题。因为这种管理模式中所使用的家族血缘关系中的内聚性功能，会由其内聚性功能转化成为内耗功能，因而这种管理模式也就应该被其他的管理模式所替代了。我国亲情化的企业管理模式在企业创业时期对企业的正面影响几乎是99%，但是当企业渡过创业期以后，它对企业的负面作用也几乎是99%。这种管理模式的存在只是因为我们国家的信用体制及法律体制还不够完善，使得人们不敢把自己的资产交给与自己没有血缘关系的人使用，因而不得不采取这种亲情化管理模式。

（二）友情化管理模式

这种管理模式也是在企业初创阶段有积极意义。在资金不足的时候，也就是在朋友之间可以而且也愿意为对方两肋插刀的时候，这种模式很有内聚力量；但是当企业发展到一定规模，尤其是企业利润增长到一定程度之后，友情就淡化了，因而企业如果不随着发展而尽快调整这种管理模式，那么就必然会导致企业很快衰落甚至破产。

（三）温情化管理模式

这种管理模式强调管理应该是更多地调动人性的内在作用，只有这样才能使企业更快的发展。在企业中强调人情味无可厚非，但是不能把强调人情味作为企业管理制度的最主要原则。人情味原则与企业管理原则是不同范畴的原则，因此，过度强调人情味，不仅不利于企业发展，而且企业最后往往容易失控，甚至破产。有人总是喜欢在企业管理中讲温情，认为一个人作为企业管理者如果为被管理者想得很周到，那么被管理者就必然会有很好的回报，即努力工作，这样企业就会发展得更好。可见，温情化管理模式实际上是想用情义中的良心原则来处理企业中的管理关系。但是，在经济利益关系中，所谓的良心是很难谈得清楚的。良心用经济学的理论来讲，实际上就是一种伦理化的、以人情味为形式的、对经济利益的规范化回报方式。因此，如果笼统地讲良心，讲人性，不触及利益关系，不谈利益的互利，实际上很难让被管理者好好工作，最终企业都难以发展。管理并不只是讲温情，首先应是对利益关系的界定。有些人天生就是温情式的，对利益关系的界定往往心慈手软，然而在企业管理中利益关系的界定是“冷酷无情”的，对利益关系的界定，到一定时候“手不辣”“心不狠”是不行的。只有那种在各种利益关系面前“毫不手软”的人，尤其对利益关系的界定能“拉下脸”的人，才能成为职业经理人。

（四）随机化管理模式

随机化管理模式在现实中具体表现为两种形式。一是民营企业中的独裁式管理。之所以把独裁式管理作为一种随机化管理，原因是有些民营企业的创业者很独裁：他说了算，他随时可以任意改变任何规章制度，他的话就是原则和规则，因而这种管理属于随机性的管理。二是发生在国有企业中的行政干预，即政府机构可以任意干预一个国有企业的经营活动，最后导致企业的管理非常随意。可见，这种管理模式要么是表现为民营企业中的独裁管理，要么是表现为国有企业体制中政府对企业的过度性行政干预。现在好多民营企业的垮台，就是这种随机化管理模式的推行而造成的必然结果。因为创业者表达有误的时候，别人也无法发言矫正，甚至创业者决策失误，别人也无法更改，最后只能是企业倒闭。

（五）制度化管理模式

所谓制度化管理模式，就是指按照一定的已经确定的规则来推动企业管理。当然，这种规则必须是大家所认可的带有契约性的规则，同时也是责权对称的。因此，未来的企业管理的目标模式是以制度化管理模式为基础，适当地吸收和利用其他几种管理模式的某些有用的因素。这恐怕是中国这十几年来在企业管理模式的选择方面，大家达成的共识。

企业初创时期，事务相对简单，管理层次和管理幅度有限，因此可以采取直接管理的方法，比如一些家族企业在规模和领域还不大的时期，采用直接管理是十分有效的。但当企业发展壮大以后，管理方法就需要随之创新和优化。一般意义上来说，我们可以将企业的管理方法分成几种类型，并在企业的不同发展阶段合理科学地、单一或复合地加以运用，进而发挥更有效的作用。

（六）系统化管理模式

通过完成企业组织机构战略愿景管理、工作责任分工、薪酬设计、绩效管理、招聘、全员培训、员工生涯规划等七大系统的建立，来完成企业的系统化、标准化、统筹化的管理，这将有利于企业的快速扩展。当管理者用这一套系统打造完一个管理的标准模版的时候，旗下的分公司或者代理都能简单地复制，就这降低了扩展的难度。这就实现了企业组织系统的最大可利用性。

八、经典企业管理法则

（一）“刺猬”法则

两只困倦的刺猬，由于寒冷而拥在一起，可因为各自身上都长着刺，于是它们离开了一段距离，但又冷得受不了，于是凑到一起，几经折腾，两只刺猬终于找到一个合适的距离：既能互相获得对方的温暖而又不至于被扎。“刺猬”法则就是人际交往中的“心理距离效应”，领导者要搞好工作，应该与下属保持亲密关系，这样做可以获得下属的尊重，但同时要与下属保持“适当”心理距离，避免在工作中丧失原则。

（二）“南风”法则

也称为“温暖”法则，源于法国作家拉封丹创作的一则寓言：北风和南风比威力，看谁能把行人身上的大衣脱掉。北风首先来一个冷风凛冽寒冷刺骨，结果行人把大衣裹得紧紧的，南风则徐徐吹动，顿时风和日丽，行人因为觉得春意上身，开始解开纽扣，继而脱掉大衣，南风获得了胜利。

这则寓言形象地说明了一个道理：温暖胜于严寒。领导者在管理中运用“南风”法则，就是要尊重和关心下属，以下属为本，多点人情味，使下属真正感觉到领导给予的温暖，从而去掉包袱，激发工作的积极性。

（三）皮格马利翁效应

该效应由美国著名心理学家罗森塔尔和雅格布森在小学教学上予以验证提出。皮格马利翁是古希腊神话中塞浦路斯的国王。他性情孤僻，常年一人独居。他善于雕刻，孤寂中用象牙雕刻了一座表现了他理想中的女性雕像。久而久之，他竟对自己的作品产生了爱慕之情。他祈求爱神赋予雕像以生命。爱神为他的真诚所感动，就使这座少女雕像活了起来。皮格马利翁随后娶她为妻。在这个神话的基础上，美国著名心理学家罗森塔尔和雅格布森进行了一项有趣的研究。他们先找到了一所学校，从校方手中得到了一份全体学生的名单。在经过抽样后，他们向学校提供了一些学生名单，并告诉校方，他们通过一项测试发现，这些学生有很高的天赋，只不过尚未在学习中表现出来。

其实，这是从学生的名单中随意抽取出来的几个人。有趣的是，在学年末的测试中，这些学生的学习成绩的确比其他学生高出很多。研究者认为，这就是由教师期望而产生的影响。由于教师认为这个学生是天才，因而寄予他更大的期望，在上课时给予他更多的关注，通过各种方式向他传达“你很优秀”的信息，学生感受到教师的关注，因而产生一种激励作用，学习时加倍努力，最终取得了好成绩。皮格马利翁效应告诉我们，对一个人传递积极的期望，就会使他进步得更快，发展得更好；反之，向一个人传递消极的期望则会使人自暴自弃，放弃努力。

（四）霍桑试验

在美国芝加哥郊外的霍桑工厂是一个制造电话交换机的工厂，有较完善的娱乐设施和非常健全的社会福利，但工人们仍愤愤不平，生产效率也不高。后来，哈佛大学教授梅奥专门对工人进行了一项试验：在两年时间里，专家们找工人个别谈话达两万余人次，并且在谈话过程中，耐心倾听工人对厂方的各种意见和不满。这一“谈话试验”取得了意想不到的效果：工厂的产值大幅度提高。

霍桑试验的研究结果否定了传统管理理论对人的假设，表明了工人不是被动的、孤立的个体，他们的行为也不仅仅受工资的刺激；影响生产效率的最重要因素不是待遇和工作条件，而是工作中的人际关系。由于工人们对工厂的各种管理制度和方法有诸多不满，无处发泄，“谈话试验”使他们把这些不满都发泄出来，从而感到心情舒畅，干劲倍增。

（五）“金鱼缸”法则

金鱼缸是玻璃做的，透明度很高，不论从哪个角度观察，里面的情况都一清二楚。将“金鱼缸”法则运用到管理中，就是要求领导者增加单位各项工作的透明度。单位的各项工作有了透明度，领导者的行为就会被置于全体员工的监督之下，就会有效地防止领导者享受特权、滥用权力，从而强化领导者的自我约束机制，增强单位的向心力和凝聚力。

（六）“热炉”法则

该法则就是每个单位都有自己的规章制度，任何人触犯了都要受到惩罚。“热炉”法则形象地阐述了惩处原则：

（1）热炉火红，不用手摸也知道炉子是热的，是会被灼伤的警告性原则。领导者要经常对下属进行规章制度教育，以警告或劝诫他们不要触犯规章制度，否则就会受到惩处。

（2）每当你碰到热炉，肯定会被灼伤的必然原则。也就是说只要触犯单位的规章制度，就必定会受到惩处。

（3）当你碰到热炉时，立即就被灼伤的即时性原则。惩处必须在错误行为发生后立即进行，绝不拖泥带水，绝不能有时间差，以便达到及时改正错误行为的目的。

（4）不管谁碰到热炉，都会被灼伤的公平性原则。

（七）互惠关系定律

“给予就会被给予，剥夺就会被剥夺。信任就会被信任，猜疑就会被猜疑。爱就会被爱，恨就会被恨。”这就是心理学上的互惠关系定律。当你真诚地辅助员工的时候，员工才能真心地辅助你，拥戴你。

（八）手表定理

一个人同时拥有两只表时，他会无法确定时间。你要做的就是选择其中较信赖的一只，尽量校准它，并以此作为你的标准，听从它的指引行事。

手表定理在企业经营管理方面给我们一种非常直观的启发，就是对同一个人或同一个组织的管理不能同时采用两种不同的方法，不能同时设置两个不同的目标。甚至每一个人不能由两个人来同时指挥，否则将使这个企业或这个人无所适从。

（九）酒与污水定律

该定律的意思是一匙酒倒进一桶污水，得到的是一桶污水；把一匙污水倒进一桶酒里，得到的还是一桶污水。几乎在任何组织里，都存在几个令人头疼的人物，他们到处搬弄是非，传播流言，破坏组织内部的和谐。一个正直能干的人进入一个混乱的部门可能会被吞没，而一个无德无才者能很快将一个高效的部门变成一盘散沙。组织系统往往是脆弱的，它很容易被侵害、被毒化。破坏总比建设容易：一个能工巧匠花费时日精心制作的陶瓷器，一头驴一秒钟就能毁坏掉。如果你的组织里有这样的一头驴，你应该马上把它清除掉；如果你无力这样做，你就应该把它拴起来。

（十）鲶鱼效应

挪威人爱吃沙丁鱼，尤其是活鱼，挪威人在海上捕得沙丁鱼后，如果能让鱼活着抵港，卖价就会比死鱼高好几倍。但是，由于沙丁鱼生性懒惰，不爱运动，返航的路途又很长，因此捕捞到的沙丁鱼往往一回到码头就死了，即使有些活的，也是奄奄一息。只有一位渔民的沙丁鱼总是活的，而且很生猛，所以他赚的钱也比别人的多。该渔民严守成功秘密，直到他死后，人们才打开他的鱼槽，发现只不过是多了一条鲶鱼。原来鲶鱼以沙丁鱼为主要食物，装入鱼槽后，由于环境陌生，就会四处游动，而沙丁鱼发现这一异己分子后，也会紧张起来，加速游动，如此一来，沙丁鱼便活着回到港口。这就是所谓的“鲶鱼效应”。运用这一效应，通过个体的“中途介入”，对群体起到竞争作用，它符合人才管理的运行机制。目前，一些机关单位实行的公开招考和竞争上岗，就是很好的例子。这种方法能够使现有员工产生危机感从而更好地工作。而对于大部分已显现问题征兆的失败的公司，即使有少数管理者已略微察觉这些现象，也不太留意。如：企业的气氛沉闷，缺乏压力，管理层安闲舒适，员工充满惰性，一些真正具有能力和潜力的人员则得不到充分发挥才能的机会，他们或者离开公司，或者被无谓地浪费掉，企业慢慢地失去生机。

“鲶鱼效应”是企业领导层激发员工活力的有效措施之一。其表现在：一是企业要不断补充新鲜血液，把那些富有朝气、思维敏捷的年轻生力军引入职工队伍中甚至管理层，给那些故步自封、因循守旧的懒惰员工和官僚带来竞争压力，才能唤起“沙丁鱼”们的生存意识和竞争求胜之心；二是要不断地引进新技术、新工艺、新设备、新管理观念，这样才能使企业在市场大潮中搏击风浪，增强生存能力和适应能力。

（十一）木桶法则

木桶原理又称短板理论、木桶短板管理理论，所谓“木桶理论”也即“木桶定律”。其核心内容为：一只木桶盛水的多少，并不取决于桶壁上最高的那块木块，而恰恰取决于桶壁上最短的那块。根据这一内容，可以有两个推论：其一，只有桶壁上的所有木板都足够高，那木桶才能盛满水；其二，只要这个木桶里有一块不够高度，木桶里的水就不可能是满的。

对于这个理论，初闻时你会怀疑：最长的怎么反而不如最短的？但继而就会是理解和赞同：确实！对木桶盛水的多少起决定性作用的不是那块最长的木板，而是那块最短的木板。因为在水平状态下，长的板子再长也没有用，水的界面是与最短的木板平齐的。这似乎与常规思维格格不入，然而却被证明为正确的论断。

“木桶理论”可以启发我们思考许多问题，比如企业团队精神建设的重要性。在一个团队里，决定这个团队战斗力强弱的不是那个能力最强、表现最好的人，而恰恰是那个能力最弱、表现最差的落后者。因为，最短的木板在对最长的木板起着限制和制约作用，决定了这个团队的战斗力，影响了这个团队的综合实力。也就是说，要想方设法让短板子达到长板子的高度或者让所有的板子维持足够高的相等高度，才能完全发挥团队作用，充分体现团队精神。

（十二）马蝇效应

马蝇效应来源于美国前总统林肯的一段有趣的经历。1860 年，美国总统大选结束后的几个星期，有位叫作巴恩的大银行家看见参议员萨蒙·蔡思从林肯的办公室走出来，就对林肯说："你不要将此人选入你的内阁。"林肯问："你为什么这样说？"巴恩答："因为他认为自己比你伟大得多。"林肯问道："你还知道有谁认为自己比我要伟大的？""不知道了。"巴恩说，"不过，你为什么这样问？"林肯回答："因为我要把他们全都收入我的内阁。"

事实证明，这位银行家的话是有根据的。蔡思的确是个狂态十足的家伙，不过，他也的确是个大能人。林肯十分器重他，任命他为财政部长，并尽力与他减少磨擦。蔡思狂热地追求最高领导权，而且嫉妒心极重。他本想入主白宫，却被林肯"挤"了，他不得已退而求其次，想当国务卿；林肯却任命了西华德，他只好坐第三把交椅，因而怀恨在心，激愤难已。

后来，目睹过蔡思种种形状，并收集了很多资料的《纽约时报》主编亨利·雷蒙特拜访林肯的时候，特地告诉他蔡思正在狂热地上蹿下跳，谋求总统职位。林肯以他那特有的幽默神情讲道："雷蒙特，你不是在农村长大的吗？那么你一定知道什么是马蝇了。有一次我和我的兄弟在肯塔基老家的一个农场犁玉米地，我吆马，他扶犁。这匹马很懒，但有一段时间它却在地里跑得飞快，连我这双长腿都差点跟不上。到了地头，我发现有一只很大的马蝇叮在它身上，于是我就把马蝇打落了。我的兄弟问我为什么要打掉它。我回答说，我不忍心让这匹马那样被咬。我的兄弟说："哎呀，正是这家伙才使得马跑起来的嘛！"然后，林肯意味深长地说："如果现在有一只叫'总统欲'的马蝇正叮着蔡思先生，那么只要它能使蔡思的那个部不停地跑，我就不想去打落它。"

产生马蝇效应的主要原因有两个。

第一，外界环境的变化会影响个体的行为。一匹很安逸的马，突然被马蝇叮咬而产生的痛疼感，将直接刺激马对此做出反应以摆脱痛疼感。

第二，明确的目标会激励员工更好地投入工作。马儿的目标很明确，就是要摆脱痛疼感，因此它会精神抖擞，飞快奔跑。在现实管理工作中，"马蝇效应"不失为高明管理者的一项有效工具。

一个部门或一个团队，如果长时间保持风平浪静，表面上看起来是一片和谐，实质上是在孕育"一潭死水"。这种平静将会使团队失去激情，失去创意，从而慢慢地就失去了战斗力。因此，好的管理者应该关注如何改变员工的工作环境，通过环境的改变来刺激员工的行为，影响员工的行为，必要时制造一点冲突（管理中的"冲突原理"），以此来激发员工的斗志和潜能，以防止员工在"平静中休克"。如日常管理工作中常见的换岗、扩大工作内容、树标杆、内部竞赛等，都是在通过改变环境来刺激员工行为，激发员工的工作热情。

目标明确，不管是对一个部门还是对单个员工来说都是非常重要的。懒惰的马突然间精神抖擞，飞快奔跑，为什么？一个重要的原因就是通过奔跑以尽快地摆脱因马蝇叮咬而产生的痛疼，其目标非常明确。有目标就会有压力，有压力就会产生动力。作为一名管理者，一定要明确我们的工作和发展目标，要明确你所负责部门的目标，并据此将部门目标分解到每一个岗位，以达成压力传递的效果。让部门的全体员工都明确自己的工作目标，并为之奋斗，从而更好地保证部门目标的实现。随着中国经济的快速发展，员工的素质也越来越高。以往的那些靠强权管理的时代将一去不复返，靠制度、标准、流程来管理企业又显得过于僵化，靠文化来影响员工又并非是“一日之功”。那么，如何来更好地管理员工？如何更好地激发员工的工作热情？激励的方法和手段将是每一个管理者都必须要掌握的内容，而“马蝇效应”不失为一种好方法。当然，这个“马蝇”到底要多大，叮到什么程度更合适，也是管理者必须要思考的一个问题。否则让马儿跑到精疲力竭，以至吐血而亡，那就是舍本逐末了。

第三节　大数据与企业管理的关系辨析

一、大数据对企业管理的影响

数据分析对管理的重要性，《孙子兵法》已对其有深刻的认识：“夫未战而庙算胜者，得算多也。”数据始终贯穿在管理的计划、组织、领导、控制和创新中。在进入大数据时代后，如何更好地利用信息爆炸时代产生的海量数据为管理服务以及如何利用数据创造财富是不可回避的命题。管理决策日益基于数据和分析而作出，而并非基于经验和直觉，对企业正确地制订发展计划与合理安排企业资源有重要的意义。其中，预测在企业中有重要的意义，在大数据时代，预测的准确度或许能够更上一个台阶，进而促进企业健康发展。

（一）大数据对企业管理思想的影响

大数据时代的来临改变了企业的内外部环境，引起了企业的变革与发展。企业越来越智能化，管理实现了信息化。企业中的数据收集、传输、利用需要现代管理思想的支撑。

大数据环境下的企业管理应当以人为本，在实践的基础上运用现代信息化技术，采用柔性管理，将数据当作附加资产来看待。企业运营离不开数据的支撑，企业管理当中如果不能够深刻认识到大数据的重要性，仅仅以公司短期盈利作为目标，是缺乏战略性思考的表现。有效地利用数据分析结果，提前进行预测，抓住市场先机与顾客需求，就能主动赢得市场，才能在企业管理与销售业绩上创造出更大的财富。

（二）大数据对企业管理决策的影响

大数据背景下对数据的分析利用是企业决策的关键。

首先，大数据的决策需要大市场的数据。基于云计算的大数据环境会影响到企业信息收集方式、决策方案选择、决策方案制订和评估等决策实施过程，对企业的管理决策产生影响。大数据决策的特点体现在数据驱动型决策，大数据环境下的管理决策对于企业不仅是一门技术，更是一种全新的决策方式、业务模式，企业必须适应大数据环境对管理决策的新挑战。

其次，大数据对决策者和决策组织提出了更高的要求。大数据时代改变了过去依靠经验管理理论和思想的决策方式。管理决策层根据大数据分析结果发现和解决问题，预测机遇与挑战，规避风险。这就要求决策层具有较高的决策水平。由于大数据背景下需要企业全员的参与，动态变动环境下，决策权力更加分散才有利于企业做出正确的决策。这就要求企业的组织更加趋于扁平化。

（三）大数据对企业人力资源管理的影响

人力资源是企业中最宝贵的资源，是企业创造核心竞争力的基础。基于大数据技术，企业将大大提高人力资源管理的效率和质量，有效地加快人力资源工作从过去的经验管理模式向战略管理模式的转变。

公司从员工招聘到绩效考核与培训，积累了大量的各类非线性数据，这些数据都是无形的资产，利用大数据技术，将这些数据进行整合分析利用，能够为企业带来巨大贡献。首先，在员工招聘上，只需将单位用人要求与员工各项能力数据相匹配，结合人力资源招聘的经验，便可轻松选出符合要求的员工。在绩效考核上，进行标准化管理，将员工日常的各类数据进行分析，设定等级标准，即可得出客观公正的考核结果。这大大排除了绩效管理的主观性与不全面性。最后，根据大数据的分析结果，针对不同员工区别培训，更有效率地提高了培训水平。

（四）大数据对企业财务管理的影响

大数据使财务管理的模式和工作理念颠覆性地改变。首先，财务管理更加稳健。公司将各类财务数据在大数据技术下进行发掘，提纯出更多有用的财务信息，及早地发现财务风险，为管理决策者提供重要的决策依据，做出正确的决断。其次，财务数据的处理更加及时高效。财务数据在企业日常运营当中举足轻重，企业的各项交易都依赖于财务数据的分析，企业基于大数据，通过对财务数据的分析和处理，能够改进财务管理工作的运行模式，并且是有效率的，企业资金资本运作成本降低和压缩了，利润相应提高了。企业资源积累最丰富的、最基础的财务数据，通过大数据技术对其进行整理和分析，实现了企业价值增值。

综上所述，大数据影响着企业管理的诸多方面，大数据时代的到来对于企业管理来说，既是机遇又是挑战。

二、大数据时代企业管理的机遇

（一）从大数据中充分及时地挖掘顾客的需求

大数据的出现使得人们不再需要通过调查问卷等形式来了解客户群，对大数据的利用和整合使得人们能清楚地看到顾客的偏好。比如，在网络购物盛行的今天，我们经常在邮箱中收到根据我们的偏好所推荐的产品等信息，而这些偏好信息从哪里来，当然是根据我们在网络购物中所浏览的产品、收藏的产品以及订购的产品。而商家通过网络平台，可以很轻易地收到这些信息，并根据这些信息向顾客推荐降价优惠产品，也可以调整自己的生产库存量、产品设计倾向，还可以在顾客的消费评价中找到需要改进的地方。这种情况既方便了消费者，又为商家提供了一条捷径。

（二）针对客户的需求和评价随时对产品做出改进

对大数据的应用和分析可以使生产者了解到顾客需要什么以及什么时候需要，针对他们对已购买商品的评价可以对已生产的产品做出改进，针对产品需求的发展趋势可以做出新的产品设计。最重要的是，这些信息通过大数据是可以及时收集到的。所以，在现代的消费者导向市场，对大数据的应用更是势在必行。当然，大数据对于生产者的有用性，不仅适用于线上产品生产商，同时也适用于线下产品生产商。也就是说，获取大数据信息既可以通过直接的途径，也可以通过间接的途径。

（三）寻找新的市场和商业机会

通过利用大数据，企业甚至可以预知顾客尚未提出的需求，而这通过企业掌握的数据模式和回归分析即可实现。大数据也可以帮助企业发现哪个市场适合首先推出新产品。

（四）高效节约的组织管理企业

通过对企业所掌握的大数据的分析，管理者可以轻易地发现组织管理中效率较低的地方，从而改进目前的管理制度的设计和方法，使得企业管理变得更加高效。特别是在物流业中，将道路状况、交通信息和天气条件以及客户的位置结合起来进行配送安排，可以大大减少资源的浪费。比如，沃尔玛的成功即源自其对大数据的成功应用，它的采购、库存、订货、配送和销售已实现一体化，在节省很多时间的前提下，加快了物流的循环。高效的运行效率，使其总是先人一步，进而从激烈的市场竞争中脱颖而出。

（五）加强企业风险管理

对企业经营的各个过程进行风险预测、风险监督和风险控制是企业管理的一个重要方面。利用大数据，可以针对企业的生产经营以及接触的客户或供应商确定其风险类别。特别是在保险业，对大数据的应用可以确定客户在未来可能的损失，帮助保险公司以恰当的价格和时间范围为客户提供恰当的产品，并降低索赔成本和避免客户骗保行为。当然，在除了保险业以外的其他行业，应用该项技术都是非常有用的，对于向外界提供贷款的金融行业来说利用大数据对客户进行全方面分析，也是当务之急。

三、大数据时代企业管理的挑战

全球各国企业对大数据应用的迫切需求，也突显出了一个严重的问题，就是各国普遍缺乏数据科学家，国内对大数据的应用虽然才刚开始，但也需要面临这些重大挑战。

（一）数据分析人才不足

企业对于大数据的应用首先要通过对大数据进行处理才能实现，而在大数据的处理环节中，数据科学家是点燃大数据价值的关键。通过数据科学家对数据关系的重新建构，赋予数据新的意义，才能为企业所利用，构筑企业核心竞争力。

数据科学家并不能是过去钻研于数据分析里的“专才”，他们更应该是一种综合能力较强的复合化人才。简单来说，为了从数据中提炼出有效信息并且将其作为决策支持，数据科学家必须首先将问题进行量化，然后加以分析，解决问题。数据科学家还要具备让非专业人士了解数据内涵的“讲故事”的能力，即沟通能力。总结起来说，成为合格的数据科学家，必须同时具备 3 种能力：一是熟悉数据分析工具操作；二是熟悉企业业务运作细节；三是具备数据勘探知识。同时具备这 3 种能力专长的人才，还是非常稀缺的。目前国内所有的数据分析师，他们都擅长为已经发生的问题找出问题源头并解决问题，却大都缺乏发掘未知问题的能力。所以，企业在对大数据进行处理的过程中，大多需要国外顾问到国内解决问题，而对此花费的时间与成本，也让大数据处理的效益大打折扣。更根本的是，国内的企业长期以来没有充分认识到数据的价值，也没有依赖数据做出决策的习惯，甚至很多还忽视数据的存在，所以，很多企业都没有保留数据与应用数据的长期计划，这也使得数据分析的前提难以满足。

但好消息是，在一些先进的企业的高层，已经出现了一些与数据科学有关的新岗位。CDO（Chief Data Officer）即首席数据官，是随着现代企业不断完善而产生的管理层新秀。作为一种跨领域的人才，他们的责任是依据工作需要选择数据库以及适当选取数据的提取、变换和剖析等方法，对数据进行挖掘、处理和提炼剖析，根据分析的结果对于企业未来的业务和运营提供相应的战略性建议和意见。简而言之，他们必须将数据价值与企业决策加以整合。CDO 已经进入企业的核心管理层，直接向 CEO（Chief Executive Officer，首席执行官）汇报。2013 年 7 月，阿里巴巴集团设立 CDO，B2B 公司总裁陆兆禧也在当月上任，直接对马云负责。与数据科学家相比较，CDO 也是跨领域的人才，但是他们应该是更熟悉商业运作与决策的管理者，能够对大量的数据产生的信息迅速加以判断，了解消费者需求，从而制订决策方案，创造价值的人才。这种复合型人才的招聘、培养与保留不可能一蹴而就，而人力资源管理于其中就发挥着重要的作用。今后，对于数据人才的吸引、培养、保留，以及激励，都会成为人力资源管理的一个新的重点。

（二）数据存储能力的限制

从大数据的定义中可以知道，大数据是指所涉及的数据量的规模巨大到无法通过人工在合理时间内进行获取、管理、处理并整理为人们所能解读的信息。视频作为数据体量最大的一部分，数据量也正以 55% 的速度逐年增长。目前单节点的存储设备已无法满足很多企业巨大数量的视频监控数据的管理需求，其发展也很难跟上数据的增长速度。目前视频文件的存储主要存在以下 3 个问题：第一，存储设备管理接口不统一；第二，存储资源的管理和分配制度还需补充完善；第三，以文件系统为核心的数据存储方式存在很多弊端，例如写文件会导致文件系统元数据区频繁持续更新，从而导致文件系统的元数据区被损坏，进而导致文件系统不可用。视频存储的重要性因其作为图像数据和报警事件记录的基础载体不必多说，其存储的需求已经不是一台或几台设备就能够满足，我们需要的是建立一个平台来作为解决方案。但是这些条件，目前还难以满足。

（三）数据安全的隐患

大数据具有强大的信息提取的功能，若将大数据应用于企业管理，不免产生数据安全方面的问题。这种安全问题，一方面表现为人们对数据掌握者的担忧。奥威尔在《1984》中，描述了在大洋国，党领袖“老大哥”利用电幕监控人们的日常生活，任何逆党言论，甚至于表情都会受到监控并加以报告，不敬者将遭到教育、改造、逮捕甚至清洗，这是对于专制集权的批判之作。然而，有人担心，在大数据时代，越来越开放的阴影面，却是人类也在受到科技监控的事实。大数据甚至被视为与“电幕”一样的监控工具。无论是政府还是企业，掌握更多的数据意味着拥有更多的话语权，与此同时，也就拥有了更多的权力。这种权力必须得到有效的监管和限制。因此，企业的经营管理必须在法律法规的框架下进行，否则将可能给企业带来不利影响。

安全问题的另一方面表现为数据本身的不安全。海量信息的集中存储会使数据的分析处理更加便捷，但在管理不当的情况下，反而容易导致数据泄露、丢失或损坏。对数据安全的威胁长期存在。研究表明目前在泄密事故中由内部人员所导致的泄密事故占 75% 以上，虽然通过管理制度规范、访问控制约束以及审计手段威慑等防护措施能在很大程度上降低内部泄密风险，但在个人灵活掌握终端的情况下，这些防护手段仍然很脆弱。一旦终端信息脱离组织内部环境，泄密情况就很可能会发生。所以，为了保护信息的安全，必须采取更完善的措施对信息进行加密，才能实现对整个信息生命周期的有效保护，从根本上解决数据泄密的问题。

综上所述，对于企业来说，大数据既是机遇也是挑战，大数据中潜在的巨大价值必然会掀起一场商业模式和管理决策的深刻变革。企业在大数据时代为了获得领先优势，必须转换思维，变革管理模式，充分、有效地利用大数据，挖掘其中蕴含的附加价值，力求在瞬息万变的全球化经济环境中赢得竞争，发展壮大。

四、大数据在企业管理中的具体应用

（一）真正实时地了解客户

在过去，企业普遍通过采用小组讨论和调查问卷的方式找出客户在哪里。而当调查结果总结出来时，结果往往已经过时了。利用大数据就可以避免这种状况的发生。大数据能够帮助企业完全勾勒出其客户的行为和需求信息。充分了解客户是有效地与客户达成生意合作的关键。当然，企业要确保客户的隐私不受威胁，大数据可以为企业提供针对个体客户的十分个性化的见解。使用互连的社交媒体数据、移动数据、网络分析和其他数据分析，企业可以充分了解每一位客户，实时地知道他们想要什么，以及何时想要。

真正了解客户，意味着可以结合客户的个性化特点，给出有针对性的建议或显示广告。亚马逊已然将这一点做到了极致，他们为客户推荐的产品绝不是一个巧合。亚马逊的推荐引擎完全是基于客户在过去一段时间的购买行为所做的：客户的购物车中所收藏的商品、客户喜欢的商品、其他用户浏览或购买的商品。亚马逊通过算法，为每位客户定制了专属的个人主页。利用该策略使该公司在其 2017 年第三财政季度期间销售增长了 27%，达到了 131.8 亿美元，而 2016 年同期的销售额则为 96 亿美元。

（二）企业共同创建、实时改进和创新产品

大数据分析可以帮助企业更好地了解客户想要的产品。通过从社会媒体和博客上收集人们如何评价某款产品，能够为企业提供比传统的问卷调查更多的信息。特别是这些信息是实时收集到的，企业可以立即有针对性地对可能存在的问题做出改进。这样不仅可以很好地对产品进行评估，同时还能够收集到不同人口群体或不同地方的人对于某款产品的评价。大数据还可以帮助企业同时进行数以千计的实时模拟，测试新产品或改进的数字化产品。利用可扩展的计算机资源，结合仿真算法，可以在同一时间运行和测试成千上万的不同的变化。每个设计只需一点点的调整，仿真程序可以结合所有的小改动，显示一款产品

的改进。

互联网线下产品，如果知道如何操作和执行，也可以利用大数据进行改进和创新，如汽车。福特公司便在硅谷开设了一间实验室进行汽车产品的改进研发。为了提高汽车的质量，减少燃油消耗，提升安全性能，减少排放，福特公司收集了超过400万辆汽车的数据，包括汽车传感器和远程应用程序管理软件。所有的数据都是实时的，允许工程师实时分析问题，了解并掌握汽车在不同的道路和天气状况以及任何其他因素影响下的行驶状况。

（三）确定企业面临的风险有多大

确定企业所面临的风险是今天企业业务的一个重要方面。为了确定一个潜在的客户或者供应商的风险，需要对客户或供应商进行特定的归类，每位客户或供应商都有自己的风险水平。更多的时候，如果客户或供应商被归入一个错误的类别，无疑将导致风险的产生。利用大数据可以针对每位客户或供应商过去和现在的实时数据有针对性地确定风险类别。

特别是在保险业，预测分析可以用来确定一个客户在未来可能花费多少钱。可以帮助保险公司以最为正确的价格在最为恰当的时间、地点为客户提供最为恰当的保险产品，以确保降低索赔成本和避免顾客欺诈骗保行为。利用大数据技术，如模式识别、回归分析、文本分析、社会数据聚集和情感分析（通过自然语言处理或监控社会媒体），360度无死角的考察一位潜在地客户。这种整体的分析可以显著地降低风险。这样一个360度的分析，当然也可以被用来确定一个新的或现有的供应商的潜在风险。这项任务对于许多金融机构来说，可谓是未来几年工作的当务之急。

（四）个性化网站和针对个人客户提供实时的定价

企业曾经采用劈裂试验和AB测试以确定客户的最佳布局。利用大数据，将永远改变这一过程。网络数据可以实时地分析，这将使企业有一个流体系统的外观、感觉和布局变化，反映多种影响因素。企业可以收集每位客人所希望的网站需求，进而为其专门定制一个网站。客户一个星期或一个月后再次访问，可能会看到一个根据其之前的人性化要求所专门定制的完全不同的网站。大数据也会对价格产生影响，其可能会为电子商务中的收益管理带来全新的意义。Orbitz尝试利用大数据，使向苹果用户显示的酒店价格比PC用户更昂贵。Orbitz发现，较之PC用户，苹果用户平均一晚的酒店花费要贵20美元到30美元。使用算法，还可以帮助企业针对市场上竞争对手的市场策略进行实时的反应并调整价格。企业已经开始使用大数据来提供个性化的在线服务，满足个性化的需求，同时也享受到了销售和利润的增长。

（五）改善服务支持客户

利用大数据，可以远程监控机器，查看机器的运行情况。使用远程信息处理，能够对机器的各个不同部分进行实时监测数据将被发送给制造商，进行实时的存储分析。每个振动、噪声或错误均会得到自动检测，当算法检测到正常运行的偏差时，服务支持将发出警告。机器甚至可以被安排在不使用时自动维护。当工程师来维修机器时，他可以利用所有可获得的信息准确地知道应该进行哪些维修工作。

（六）寻找新的市场和新的商业机会

政府部门越来越多地利用各种政策来刺激企业利用和收集大量开放数据。在 2011 年，欧盟举办了公开数据挑战。这是欧洲最大的开放式数据竞争，激发创业者利用政府部门的大量的开放式数据做出创新的解决方案。荷兰政府将重点放在积极促进文化数据的再利用和企业编程马拉松来创造新的解决方案。此外，企业可以使用大数据发现顾客尚未提出的需求。通过分析企业已经掌握的数据模式和回归分析，会发现客户自己尚不知道的需求和愿望。大数据也可以帮助企业发现哪个市场推出首款产品，或在哪里放置产品更为合适。丹麦的一家能源公司维斯塔斯风力系统使用大数据和分析，找到了世界上最适合使用风力涡轮机的地方。

（七）更好地了解竞争对手，行动在对手之前

所谓知己知彼，百战不殆。充分了解竞争对手，分析竞争对手当下的状况，将为企业提供一个有价值的开端。使用大数据分析算法能够找出竞争对手产品价格的变化，从而自动改变自己的价格以及保持竞争力。也可以监测竞争对手的其他行为，如自动跟踪对手的新产品或促销活动。这么多的数据对于企业和竞争对手来说都是开放的数据，因此竞争对手自然也可以跟踪到自己企业的数据。

（八）更有效地组织企业以节省资金

通过分析企业所掌握的所有数据，可以更好地组织企业各个部门。特别是使用新的大数据源，可以使供应链中的物流业变得更高效。卡车内的电子车载录像机可以告诉我们他们在哪里，拖车和分销帮助负载的卡车更有效地结合道路状况、交通信息和天气条件以及客户的位置进行运送，大大节省时间和金钱。

上述用例仅仅只是大数据的巨大潜能的一小部分。这些例子也同时表明了利用大数据有无穷的机会。“大数据存在着巨大的商业价值，但目前大多数数据都被浪费了”。每家企业都有不同的需求，并且需要采用不同的大数据分析方法。

五、如何在企业管理中正确应用大数据

大数据的兴起会颠覆既有的企业管理体系。简单地来说，大数据就是打破存储壁垒，对企业多年积累的业务、财务、市场和人事等方面的信息进行深入挖掘和分析，从而发现阻碍业务发展的症结所在，进而对症下药，解决问题。

（一）财务管理中大数据的应用

在大数据时代，首席财务官的工作职责已经从管理财务延伸到企业整体绩效的提升。他们可以利用各种数据分析工具对企业进行分析，从而将有限的资源配置在高增长领域，并且制订行之有效的财务流程对企业进行现金流管理、兼并管理及风险管理等。

以前，企业在大力推行财务管理的信息化和标准化时，主要强调对内部统一标准的建立，以确保财务和业务信息的统一。但在大数据的条件下，由于数据采集和分析的工具更为先进，在数据格式不统一的情况下仍能对其进行高效分析，这也就为原本信息基础架构很差的企业提供了转型升级的机会。

此外，在大数据时代，企业财务转型升级的大势所趋是管理会计与财务会计的融合。如今在数据环境下，财务领域的不断崛起会是企业在激烈的市场竞争中最强有力的支撑，而财务也是最擅于从大数据里发现未来发展机遇和趋势的开拓者。管理会计与财务会计的融合必能使财务成为数据挖掘利用的强者，一方面为企业经营管理者作出决策提供科学依据；另一方面也为企业面对大数据的冲击提供了有利武器。

（二）人力资源管理中大数据的应用

全球范围内大数据处理技术应用的迅猛增长，将推动整个社会进入大数据时代。而大数据处理技术本身也将成为中国人力资源管理与招聘行业制胜的重点。近年来，在人力资源管理与招聘行业中，以大数据技术为支撑的产品和解决方案在全球范围得到了快速增长。人力资源行业企业开始通过出售经过分析处理的商业报告来获取收益，这种新的商业模式的出现就是基于对商品化的大数据的应用。与此同时，人力资源管理与招聘行业的大数据处理技术还得到了一些西方国家政府部门的注意。据此，伴随大数据时代的来临，中国的人力资源管理与招聘行业也会告别过去依靠市场投入驱动增长的粗放发展模式，而进入以技术竞争的时代，尤其是以大数据技术为代表的高壁垒竞争时代，从而使这个行业的发展更加成熟。

事实证明，利用大数据下研发的智能系统可以帮助人力资源管理从经验模式逐步转化为事实数据模式，从而让人力测评逐渐由主观经验测评转向数据建模测评，测评结果也将更加客观可靠。而所谓的大数据人力资源智能系统，它主要解决的问题是利用数据对整个人力资源过程进行控制分析，即通过建立一系列基于企业人力资源管理过程的数据分析模

型，利用智能系统强大的分析统计功能和丰富的展现形式等特点，实现对企业人力资源管理分析决策的支持。这个人力资源智能系统可以通过其多维数据仓库功能进行数学建模，提高人力资源管理决策分析效率，使得人力资源管理体系能够不断找到问题所在，从而不断进行调整和优化，以更好地支撑企业发展和满足企业整体发展战略的需要。

在数据爆发的时代背景下，每个企业都已经重新开始确立自己的定位，将对数据资源的整合及分析归置到核心战略中，并据此衍生出一系列新的产品和服务。各大招聘网站也利用先进的大数据技术，研发出了一系列以社交网络和大数据技术的为基础为企业招聘提供服务的产品。也有一些公司通过提供人力资源管理解决方案和行业宏观分析报告，包括将这些方案和报告提供给猎头、企业人力资源管理部门、媒体、政府等来获得收益。

（三）大数据在营销管理中的应用

从商业本质上来说，营销的过程就是明确需求、提供价值、完成交易、实现利润的过程。互联网金融的迅速发展，逐渐改变了消费者的消费模式和行为习惯，也迅速改变着传统的商业模式。在大数据时代之前，企业更多的是依靠 CRM 或 BI 系统获得顾客信息、市场促销、广告活动展览等结构化数据以及企业官网一些数据，但这些信息只能满足企业日常营销管理需求的 10%，并不足以洞察和发现规律。而其他 90%的数据是诸如社交媒体数据、邮件数据、地理位置数据、音频视频数据等这些不断增加的信息数据，还有逐渐广泛应用、数据量更大、以传感器为主的物联网信息，以及风起云涌的移动互联网信息等，这些都是大数据中所说的非结构性或者被称为多元结构性的数据，它们更多以图片、视频等方式存在，这些数据几年前一直处于被置之度外无法运用的状态，但如今在大数据能进一步提高算法和机器分析作用的情况下，这类数据在竞争激烈的市场中就日益宝贵起来，它们的作用突出，也能被大数据技术所充分挖掘、运用。但目前，虽然大数据展示了非凡的前景和巨大作用，大数据营销仍面临很多问题与挑战。首先面临的问题是技术和工具困境，毕竟大数据技术还处在发展期，各方面技术并不太扎实，各项工具仍需要进一步完善。况且如果真正启动大数据营销，我们所面临的不仅仅是技术和工具问题，更重要的是要转变经营思维和组织架构，才可以真正开始挖掘这座数据金矿。

以上为大数据在企业管理中部分的、简要的理论性应用阐述，我们将在后文中对此进行详细的论述。

六、大数据时代的先行者

需要指出的是，中国在大数据领域方面已经相对落后，当国内还在热衷于云计算的时候，全球领先的 IT 企业们已经开始把注意力转向云计算背后的大数据。“大数据比云计算更重要”的判断也许有点夸张，但是可以肯定的是：云计算不单是提供云存储等 IT 基础架构服务，大数据的处理更是其核心与关键。

第四节　企业管理创新

管理伴随着社会的形成而形成，跟随社会的发展而发展，具有鲜明的时代性，可以说管理是人类社会最基本的活动之一。大数据时代的到来，给管理提出了新的要求。随着大数据时代的来临，企业的工作环境和内容都发生了一系列的变革，逐步走向人性化、知识化、柔性化、信息化的发展道路。当今世界进入了一个以高科技、信息网络、知识等为重要构成部分和主要增长动力的新经济时代，固定不变的常规型企业管理已不能适应时代，管理创新势在必行。

管理创新是指企业在现有资源的基础上，发挥人的积极性和创造性，通过一种新的或更经济的方式来整合企业的资源，并能有效地加以实施，以达到管理效益最大化的动态过程。企业管理是为了实现利润最大化而对企业进行的生产经营活动，包括计划、组织、协调、控制等的一系列行为。对企业进行有效管理、获得更高利润、不断提升竞争力和实现可持续发展具有重要的意义。对市场经济活动中产生的数据进行收集、筛选、建模、分析，最终获得能够支持企业战略和经营决策的信息，然后加以运用都属于管理范畴。同样，大数据也在改变着企业管理的思维，要求企业必须进行管理方面的创新。

创新是我国企业发展的一个重要课题。但是，中国企业长期以来创新不够，企业的管理水平还较落后。大数据给中国企业带来巨大机会，也给中国企业带来更大挑战。这就要求中国企业必须创新，才能适应环境的变化，得到持续稳定发展。我国企业在新经济时代所面临的竞争是全方位的，差距是明显的，要弥补这个差距，实现跨越式发展，根本出路在于创新，特别是管理创新。

一、创新的相关概述

（一）创新的含义

创新是一种经济发展理论，具有经济内涵。创新是建立一种新的生产函数，是一个经济范畴，反映技术、经济、社会相结合的综合效应，是经济发展的动力和源泉。根据研究目标的不同可以将创新划分为不同的类型。

创新是建立一种新的生产函数。熊彼特认为，所谓创新就是建立一种新的生产函数，把从未有过的生产要素和生产条件的“新组合”引入生产体系。这种新组合包括五种情况：第一，采用开发一种新产品或某产品的一种新特性；第二，采用一种新的生产方法，也就是在有关的制造部门中尚未通过经验检的方法，这种新的方法绝不需要建立在新的科学发现的基础之上，并且，可以存在于商业上处理一种产品的新的方式之中；第三，开辟一个新的市场，就是国家相关制造部门以前不曾进入的市场；第四，掠取或控制原材料或半制成品的一种新的供应来源，不论这种来源是已经存在的，还是第一次创造出来的；第五，实现任何一种工业的新的组织，比如造成一种垄断地位或打破一种垄断地位。创新反映的是技术、经济、社会相结合的综合效应。创新正是通过技术创造与各种经济、社会、自然条件相结合，以推进经济和社会发展为目的，是技术发展满足经济和社会需求的社会行为，是使技术满足经济和社会要求的创造性的发展与应用，是技术响应经济和社会需求的基本方式。

（二）创新的类型

1. 技术创新

它是指一种新的生产方式的引入。所谓新的生产方式，具体是指企业中的从投入品到产出品的整个物质生产过程中所发生的的革命性的变化或突变，且这种突变与在循环流转的轨道中年复一年的同质流动或小步骤的调整不同。

2. 管理创新

管理创新是不断根据市场和社会变化，重新调整人才、资本和科技要素，以知识创新适应市场，满足市场需求，同时达到自身的效益和社会责任的目标的过程。

3. 制度创新

德国制度经济学家柯武钢和史曼菲在他们合著的《制度经济学，社会秩序与公共政策》一书中的注释中表示，文献中的“制度”一词有着众多且矛盾的定义。不同学派和不同时代的社会科学家们赋予这个词以如此之多可供选择的含义，以至于除了它笼统地与行为的规则性联系在一起外，已不可能给出一个普遍适用的定义来。

二、数据时代进行企业管理创新的必要性

进行企业管理创新的原因，主要有两方面：一方面是源自大数据时代为企业发展带来的机遇；另一方面是大数据时代为企业管理带来的挑战。大数据中蕴含着经济价值，如果企业能够通过管理创新，利用这些数据为企业的经营管理和决策提供有效信息，将会为企业带来巨大的收益和进一步的发展，这是企业发展的内在需要；同样，大数据给企业管理带来了一系列的问题，企业想要在当前时代中获得生存和更大发展就必须进行管理创新。

（一）企业发展的内在需要

大数据时代进行管理创新能够为企业发展带来的好处，本文主要从企业经营管理、企业竞争力和人力资源管理 3 个方面进行分析。

1. 企业运营管理

企业运营管理的本质是为企业带来更多的客户，提高企业的竞争优势。而获得大量数

据在于掌握和预测客户现有或者潜在多元化的需求，并通过采用相应的策略予以满足。大数据时代的经营管理创新最主要是加强对大数据的有效利用。大数据中包含着大量关于消费者的个人情况、动态需求消费行为和习惯等有用的信息，因此，可以通过专业的数据挖掘和分析等手段，获得客户的需求和偏好信息，找准切点，进行精准营销，最大程度地满足客户要求，在竞争中占据优势。

2. 企业竞争力

在以往企业的市场竞争中，政府的支持和保护政策，以及地理位置优势开始逐渐失去当初的重要作用，归根结底，只有企业自身价值的提升，才能更加长久地在竞争中占据一席之地。在大数据时代，数据信息成为了企业竞争力的重要构成要素之一，对数据的科学合理分析，除了可以挖掘出客户需求，制订有效的策略以抢占市场份额外，还可以进一步优化企业数据信息资源，准确把握和预测市场情况，为企业制定更为合理、更具前瞻性的发展战略，对企业各项活动作出高效的决策，体现企业的潜在价值，既能够节约成本又可以促进企业的数据信息增长，提高企业的核心竞争力。

3. 企业人力资源管理

无论外界环境怎样改变，人才始终是企业的核心竞争力。借助大数据进行人力资源管理创新，可以建立员工个人信息和工作信息数据库，从大数据中获得员工的相关信息，综合挖掘员工内在的诉求，预测其发展走向，尽可能地满足员工的需求。一方面，可以减少人才流失，提升忠诚度；另一方面，能够吸引更多的优秀人才为其所用，能够大幅度提升人力资源管理的水平，为企业未来发展带来无限的发展动力和发展活力。

（二）应对大数据时代挑战的必然要求

大数据具有数量巨大、结构复杂，时效性较强等特点，这些特点为企业进行数据分析处理的工作带来了很大的困难，同时在数据信息的运用中也存在着一些问题。而以往的企业管理已经难以满足需要，这也是企业不得不进行管理创新，实现对大数据有效利用的原因，这些问题主要有以下几个方面。

1. 企业数据分析要求实时性

当前社会经济发展变化速度非常快，企业发展的内外部环境也在不断更新，这样一来，需要企业进行收集、筛选、整理和分析的数据也会快速更新。数据量不断增大，而企业想要对企业内部进行有效控制、对外部市场进行准确了解和把握，必须对这些数据进行快速处理，由于需要处理和分析的数据量过于庞大，企业很难保证其时效性。

2. 数据整合要求提高

当前，网络和信息应用程度较高，数据的收集途径除了传统渠道，还包含一些网络社交、电子商务等环境，从这些环境中所获得的数据相较于传统结构化的数据在形式上更具多样化，比如视频、地理位置、图片等。但无论是何种样式的数据信息都对企业管理决策具有重要意义，而企业真正能够进行有效处理的只有结构化的数据，对这种非结构化或者半结构化的数据，往往缺少有效的整合和处理方式，不能使其发挥价值。

3. 决策观念有待改变

任何企业的经营决策都需要有一定的基础和依据，一目了然的数据往往更容易用来辅助决策，且将数据分析结果作为决策依据，能够使决策更具科学性和合理性，也能够有效降低管理的风险。同样，数据分析的深度和质量，也影响着决策的水平。在大数据时代，企业管理者已经不能像以往那样只是通过一些简单的数据信息，对企业自身发展情况进行分析，而是需要通过深度挖掘信息，更多地对横向的外部竞争环境和竞争对手进行对比分析，以更好地发现自身问题和发展机会。因此，企业的决策观念需要进行转变，以加强对数据的有效利用。

4. 数据安全需要得到保证

数据的增多，大大增加了企业数据管理的工作量和难度，而企业的数据中存在着较多含有隐私的信息，且都是通过网络和计算机进行储存，存在安全隐患。因此，在复杂的数据和网络环境下，企业需要加强信息管理创新，对客户和自身的各项数据加强安全保护，以免因为数据的泄露或遗失，造成企业的损失。

综上所述，大数据时代给企业带来了全新的发展机遇，但也为企业管理带来了新的问题，这两方面都促使企业在当前时代进行管理创新，以更好地适应时代发展，把握发展机会，提升自身竞争力，实现可持续发展。

三、大数据时代企业管理创新的途径

（一）构建信息数据集成系统

面对大数据时代庞大的数据量，企业处理和分析数据的效率对企业管理具有重大意义，想要提升对大数据分析的数量和质量，不仅需要充分运用云计算和数据挖掘技术，还需要通过高效的分析，为企业决策提供科学合理的预测和判断。因此，企业应该根据自身需求，构建一个大数据集成系统，便于多种数据的共享和整合，从而进行更高效率的数据处理工作，在信息时代为企业把握外部环境和抢占发展先机提供支持。

（二）将数据作为运营和决策的依据，改变决策方式

大数据时代，产生和传输的数据不只包括结构化数据，还包括大量的以网络、地理位置、图像、视频等形式存在的非结构化数据。要进行企业管理创新，就要重视这些非结构化数据的作用。企业不仅要进行企业信息网络的构建，还要针对非结构化的信息，进行

数据管理平台的创新，并将这些非结构化信息纳入产品和用户中，并做好相关数据的收集和筛选工作，并添加到企业信息数据库。还要将这些数据信息进行有效的保存和管理，进行实时的监控和检测，呈现动态的服务和产品信息，开发和加强企业分析数据信息的检索功能，不断提高企业数据管理工作的效率，将数据作为企业经营决策的依据，推动企业发展、提高管理水平。

在大数据时代，网络和信息技术的广泛应用为企业带来了大量的信息数据资料，而大量和复杂的数据也给企业管理带来了难题和挑战，同时，形式多样的数据难以提供直观的决策支持。因此，企业必须改变以往那种仅通过一些简单的数据分析作为决策依据，以及进行片面分析的思路和方式，应该注意对数据进行结构化处理，在数据分析过程中建立合理的模型，对数据包含的信息进行深度挖掘，确保数据信息的准确性和有效性，并通过横纵双向的对比，保证企业管理者决策的全面性、正确性和合理性，降低决策风险。

（三）建立高效的企业信息网络

在大数据时代，企业不再依靠以产品为核心，注重产品、营销和成本信息的管理模式，而是将企业服务和服务质量作为重点。首先，构建一个企业数据信息网络，将企业的产品、成员和服务等各方面的数据信息纳入其中，并进行加工处理，以便更好地进行企业内部管理；其次，将企业生产经营的上下游节点企业、合作伙伴、客户等成员的数据信息录入企业信息数据库，然后将企业内外部的数据信息进行相关性的分析和研究，并通过这些联系形成一个完整的、带有自身特色的企业信息网络，为企业在大数据时代的发展和管理创新提供强大的信息支撑。

（四）大力培养数据信息管理人才

大数据时代，企业需要加强数据处理和信息管理工作。相应地，企业也就需要更加专业的数据信息管理人才，这是使企业数据信息管理能够充分发挥其作用的重要基础，也是企业管理模式进行创新和升级的人力支撑。优秀的数据信息管理人才，能够有效地进行数据信息开发，并充分利用企业收集的各项数据信息，保证企业和社会的良性互动，充分发挥其作用。因此，企业必须加大对专业人才培养的力度。

企业的数据信息管理人员需要具备信息技术和营销知识，以及较强的数据信息处理能力。对于加强这方面人才的培养，一方面，可以通过招聘，选拔具有专业知识和实践水平的人才；另一方面，对现有的数据信息管理人员进行定期的专业培训，掌握最新的数据处理和分析技术，以提高企业的数据管理水平，也可以建立一个专门的数据部门，更好地提升企业员工的数据信息管理意识和水平。

第二章　企业战略管理创新与实践

第一节　企业战略管理理论综述

“战略”原为一个军事术语。战略的思想古已有之，最早见于中国古代著名军事家孙武（公元前400年左右）所著的《孙子兵法》一书。美国的约翰·柯林斯（John Collins）在《大战略》中指出：“孙子是古代第一个形成战略思想的伟大人物。”从军事方面来看，《孙子兵法》已形成了系统和完整的战略思想体系。1938年，美国学者切斯特·巴纳德在《经理人员的职能》一书中，是第一个将战略的观念引入企业管理领域当中的人，首开战略研究的先河。他认为，把战略因素局限于管理活动和交易活动的某些方面是没有必要的，在需要做出决策的任何情况下，企业组织应该遵循的原则是相同的，都必须考虑到战略因素。

从此以后，有关企业战略管理的研究迅速发展起来，在半个多世纪的时间里，已形成了众多流派，大有成为丛林之势。当代著名管理学家亨利·明茨伯格（Henry Mintzberg）将其企业战略管理的理论分成了10个流派：设计学派、计划学派、定位学派、企业家学派、认识学派、学习学派、权力学派、文化学派、环境学派和结构学派。本文将从战略的概念、战略的形成与制订、竞争优势的来源与获取、战略与结构的关系、对企业性质的认识等几个方面，来总结企业战略管理不同学派的观点。

一、什么是战略

（一）军事学家眼中的战略

战略的意义历来为中外军事学家所重视。西方著名军事家博弗尔认为，战略是一种思想方法，也是一种行动；我国台湾著名的军事研究者钮先钟认为：“战略的本质即为行动的指导，一切战略理论，就概括的意义而言，也都是行动学……从较广泛的意识来说，计划即为战略。”

（二）管理学家眼中的战略

设计学派的代表人物之一钱德勒（Alfred Chandler）最早提出了“企业战略”的概念。他认为，企业战略是“确定企业的长期基本目标与目的，选择企业达到这些目标所遵循的途径，并为实现这些目标与途径而对企业重要资源进行的管理”。这一定义虽然侧重于企业成长方法和资源管理，但为企业战略研究指明了方向。并且，在他看来，战略管理就是“决定企业基本的长期目标与任务，制订行动方案，配置必要的资源以实现这些目标”。计划学派的安索夫（H.Igor Ansoff）在《企业战略》一书中提出：企业战略是一条贯穿于企业经营与产品和市场之间的“连线”。他的“战略四要素”说认为，战略包括产品市场范围、增长向量、竞争优势、协同效应四个方面。其中，产品市场范围即公司经营的产品和市场的范围；增长向量指企业打算进入的产品市场的变化；竞争优势，即明确在该范围内企业较之竞争者所具有的有利的竞争地位和特长；协同效应，即将企业的不同部分有机结合起来以取得单个部分不能实现的方法。在此基础上，安索夫于1976年在《从战略规划到战略管理》一书中，提出了“战略管理”的概念。他认为，战略管理是“企业高层管理者为保证企业的持续生存和发展，通过对企业外部环境与内部条件的分析，对企业全部经营活动所进行的根本性和长远性的规划与指导”，其核心目标是建立企业的战略竞争力。

设计学派的安德鲁斯（Kenneth Andrews）认为，“战略是关于企业宗旨、目的和目标的一种模式，以及为达到这些目标所制定的主要政策；通过这样的方式，战略界定了企业目前从事什么业务和将要从事什么业务，企业目前是一种什么类型和将要成为什么类型。”定位学派的代表人物、美国哈佛大学商学院的迈克尔·波特（Michael Porter）教授认为，竞争战略是公司为之奋斗的一些终点（目标）与公司为达到它们而寻求的途径（政策）的结合物；战略的本质是定位，即制造竞争中的取舍效应，选择何者可为以及何者不可为。

企业家学派则认为，战略是一种远见，即一种与形象和方向感相关的看法。这种远见产生于领导者的头脑之中，是其个人构思的产物。

明茨伯格将战略定义为“5P”：战略是一种计划（Plan），具有超前性和动态性，它立足当前，着眼未来，谋求组织长期的生存与发展；战略是一种计谋或策略（Ploy），在特定场合，可以作为威胁和战胜竞争对手的一种具体的计策；战略是一种模式或方式（Pattern），不仅体现为一系列的计划，也体现为一系列的行为；战略是一种定位（Position），确定自己在市场上的位置；战略是一种观念或想法（Perspective），它体现组织中人们对客观世界固有的认识方式，是组织文化(包括组织的理想、经营理念、推动力等)

的反映。总的来看，明茨伯格的定义较为全面地反映了企业战略的本质及特点，因而最具代表性。

二、关于战略的形成与制定

战略的形成与制定是各个学派共同关注的重要内容之一，而对该问题的回答，各学派观点不一。比如，企业家学派认为战略是一种远见，它是企业领导者个人构思的产物，战略制定的主要任务就是积极寻找新的机遇；认识学派的观点是，战略的形成是发生在战略家心里的一个认识的基本过程，尤其是作为一个概念的形成过程；权力学派则把战略形成看作是一个明显受到权力影响的讨价还价和折中妥协的过程，这个过程既发生在组织内部相互冲突的个人之间、集团之间，也发生在本组织与其产生冲突的其他组织之间。这几个学派的一个共同之处是：认为战略是组织成员活动的结果，即战略形成的主动性在组织内部。与此相反，环境学派则认为，战略形成的主动性在组织外部，在他们看来，战略的形成是组织对环境反应的结果。下面重点对设计学派、计划学派、定位学派、学习学派和结构学派的观点进行介绍。

（一）设计学派

设计学派的观点始出于塞兹尼克（Selznick），发展于钱德勒（Chandler），后由安德鲁斯（Andrews）做出了精确界定。该学派把战略的形成看作是一个有意识的、深思熟虑的过程，战略是组织内部条件因素与外部环境进行匹配的结果；并把企业的首席执行官看作是战略家。

那么，究竟应该如何制定战略呢？首先，进行组织环境评估，包括外部和内部环境。对此，安德鲁斯（Andrews）提出了著名的SWOT分析法。对外部环境，可以从技术、经济、社会、政治等方面，分析企业面临的机会（Opportunity）和威胁（Threat），进而总结出组织成功的关键因素是什么；对内部环境，主要是从企业目前状况出发，找出企业的优势（Strength）和弱势（Weakness）所在，以找出组织的特色竞争力是什么。其次，在找出组织的特色竞争力及成功的关键因素的基础上，制定组织的备选战略。制定备选战略时，要注意另外两个重要因素：一是管理价值，即企业正式领导者的信仰、偏好；二是社会责任，尤其是企业在其中发挥作用的社会道德。最后，根据四个条件来评估备选战略，选择最适合的战略。这4个条件如下所示。

（1）一致性：即该战略提出的目标、策略相互一致；

（2）协调性：该战略能够对组织内外环境的变化做出适当反应；

（3）优势：该战略有助于在企业选择的活动领域内建立和保持竞争优势；

（4）可行性：执行该战略时，既不能造成可用资源的紧张，也不许带来难以解决的新问题。

（二）计划学派

该学派认为，战略的形成是一个正式的进程，必须经过“规划”才能制定出最佳战略。他们提出的规划步骤：确定目标→外部环境审查→内部情况审查→战略评价→战略运用。

20 世纪 70 年代是该学派发展的鼎盛时期，但到了 80 年代以后，人们对其重视程度开始下降。其中的一个有名的例子是，通用电气公司取消了战略规划。不仅如此，很多学者还提出了战略规划的一些弊端。其中比较突出的有以下两点。

第一，战略规划中的重要一步是进行外部审查，而外部审查中的主要一项是计划人员对未来情况的预测。预测领域内的著名专家 Spiro Makridakis 认为，对于像技术突破和价格上涨这些不连续事件的预测，“实际上是不可能的”。因此，依赖于外部审查的战略规划，在遇到这些不连续事件时就失灵了。

第二，把战略程式化是战略规划的又一次失败。因为组织环境是动态变化的，所以有效的战略应该是随机应变的，而不是一个呆板的计划。

（三）定位学派

20 世纪 60 年代，E.S.Mason 和 J.S.Bain 在市场结构不完全性的假设基础上，提出了产业组织理论的市场结构—企业行为市场效率（即 SCP）分析范式。

迈克尔·波特（Michael Porter）进一步将 SCP 范式的分析延伸到了不同市场结构下，研究企业可以采取哪些具体的战略，这些企业行为将如何影响企业绩效等，从而将 SCP 范式的分析方法应用到了企业战略管理的研究当中，并建立了自己独特的分析方法，成为定位学派的典型代表。波特的战略理论也成为 20 世纪 80 年代战略管理理论的主流。

在波特看来，制定竞争战略的重点在于进行恰当的行业定位，而行业定位的关键在于对企业所处环境的分析，其中对行业结构的分析又可以说是关键中的关键，用波特的话说就是“行业结构分析是制定竞争战略的根本基础”。所以，波特在其《竞争战略》一书中，用了整整一章的篇幅来介绍如何进行行业结构分析。因此，明茨伯格将该学派关于战略形成的过程称为“一个分析的过程”。

波特在《竞争战略》中介绍的战略制定的过程如下。

1. 企业环境分析

（1）企业内部环境分析

内部环境分析可以从两个方面着手：一是企业的长处和弱点；二是主要执行者的个人价值。企业的长处和弱点“是其相对于竞争对手的资产和技能的轮廓”；个人价值“是那些主要行政负责人和其他必须执行待定战略的人员的促进因素和所必备的东西”。长处、弱点与个人价值这两个方面的结合确定了一个企业所用战略的内部限度。

（2）企业外部环境分析

企业外部环境分析包括3个方面。

第一，行业结构分析。这主要是为了分析行业的竞争环境。对此，波特提出了著名的“五力竞争”模型。他认为，驱动行业竞争的因素可以分为五种基本的竞争势力，即买方的讨价还价能力，卖方的讨价还价能力，现有厂商间的竞争，新进入者带来的威胁，以及替代品带来的威胁。这五种势力共同确定的行业竞争的强度和行业的获利能力；对于一个特定行业来说，这五种势力也并不是均衡的，而是存在着一个或几个起支配作用的势力。此即波特五力竞争模型的核心思想。

第二，社会前程分析。可以从政府政策、社会要事、逐渐形成的社会习俗等方面来分析。这些因素均会对企业产生冲击。行业结构和社会前程决定了企业所用战略的外部限度。

第三，竞争者分析。波特认为，这是制定战略的核心，因为“竞争战略包含着某项业务定位”，而业务定位的目的就是要“最大限度地增加其有别于竞争对手的潜在能力的价值”。这可以从4个方面对竞争对手展开分析：竞争者未来的目标、竞争者对自身及行业的看法、竞争者的现行战略、竞争者的潜在能力。

2. 制定并选择战略

波特认为，在一个既定的行业中，可供企业采取的总体战略是有限的，主要有3种：低成本战略、差异化战略、目标聚集战略。前两个是针对企业所在的整个行业而实施的战略，要求企业在行业内要么实现成本领先，要么实现产品的差异化经营。而目标聚集战略则是针对某个特定的狭窄市场所采取的一种战略，要求企业集中资源服务好这一特定的细分市场（如某个特定的买主集团，或者某个地区性市场）；与服务于整个行业的企业相比，这样专注于该行业内某一细分市场的结果可能是实现了低成本，也可能是实现产品的差异化，或者是二者兼而有之。

既然可以制定的战略有限，那么这里的关键工作就是要选择适合本企业的战略。如何选择合适的战略呢？波特给出了一个选择标准：能把本企业的情况同外部的机会和威胁最佳地联系起来。实际上，这与设计学派选择战略的出发点是一样的。

（四）学习学派

由于战略是面向未来的，这必然要求组织在制定战略时，对组织未来的环境进行预测，而现实的环境是如此复杂，对其进行准确预测非常困难。因此，学习学派认为，战略的制定很难像设计学派那样精心设计，更难像计划学派那样将其变成一个独立和程式化的过程；相反，战略的形成是组织难以控制的，有时甚至是在组织不经意间就形成了。

该学派的奠基人之一奎因（James Brian Quinn）于1980年提出了“逻辑渐近主义”理

论，认为战略不仅是一个逐渐形成的过程，而且这个过程具有潜在的逻辑性，正是这种潜在的逻辑将战略的各个部分组合在一起且在“逻辑性”这点上，恰与林德布罗姆（Charles Lindblom）的“无序渐近主义”理论形成对比。

Mintzberg 和 McHugh 则于 1985 年提出了战略形成的草根模式，认为战略可以在人们拥有学习能力并且有支持这种能力的资源的任何地方生根。另外，学习学派还认为，战略的形成也不是一朝一夕的事，而是要像学习那样，经历一个过程。战略的制定首先必须采取不断学习的形式；成功的学习会创造出一些经验，这些经验经过集中后，就成了战略的雏形——组织过去的行为模式；其中的一部分行为模式会得到组织的确认，成为未来的计划，并最终演变成指导组织总体行为的观念，即组织的战略。

（五）结构学派

结构学派有关战略形成及制定的主要观点：结构是指组织及其周围环境的状态。一般情况下，组织都可被描述为某种稳定结构。在某个特定时期内，把组织特殊的结构形式与特殊的内容相匹配，这样组织便可建立起某种特殊行为，从而形成一套特殊的战略。战略形成后，在既定结构下会保持相对的稳定；当结构发生量的飞跃后，战略也会迅速发生飞跃。结构的这种稳定与转变会交替出现，并随着时间推移而自行形成某种规律，比如，成为组织的生命周期。

战略管理的关键就是维持稳定，但同时应认识到周期性变化的需要，并能够在不破坏组织的前提下管理这个转变过程关于战略的制定。结构学派认为，它既可以是一种概念性的设计或正规计划的过程，也可以是系统分析或领导者形成远见的过程，又可以是共同学习的过程，集中表现在个人知识、集体社会化或是简单地对环境的反应。由此可以看出，结构学派是对其他几个学派的综合。

三、关于竞争优势的来源及获取

Dan Schendel 认为，战略管理的核心是何获取竞争优势。Michael Porter 和 David J.Teece 也都有同样的观点。本节主要介绍定位学派、文化学派、学习学派、环境学派在这方面的观点，同时介绍一些国内学者的观点。

（一）设计学派

1962 年，钱德勒出版了《战略与结构美国工业企业的发展历史》一书，通过回顾美国 4 个大企业（即通用、杜邦、西尔斯和新泽西标准石油公司）的成长历史，发现企业成长导致企业内部组织结构不断调整，而组织结构的调整又是企业根据技术、市场环境变化实施一定战略的结果。长期以来，不论是管理学还是经济学，都将企业成长与企业竞争优势相联系。由此可推知，钱德勒的潜在观点是，企业只有不断调整组织结构以适应战略，才能够获得竞争优势。

由于组织结构调整的直接原因是战略的变化，而战略的变化是由于组织环境的变化所引起的，所以钱德勒潜在竞争优势观的实质是：企业竞争优势是外部环境影响的结果。

（二）定位学派：价值链模型

迈克尔·波特认为，赢得竞争优势的关键，首先，要进行正确的行业定位，这取决于对行业五种竞争势力的分析，以及对竞争者和自身的分析；其次，波特认为，将企业作为一个整体来看待，无法认识竞争优势。因此，波特提出了价值链模型。一定水平的价值链是企业在一个特定产业内的各种活动的组合。价值链将企业分解为一个个战略相关的价值活动。价值活动是企业所从事的在物质和技术上界限分明、相互分离的各项活动，包括两大类：基本活动和辅助活动。基本活动又包括四类：内部后勤、外部后勤、生产经营市场销售、服务，辅助活动也包括四类：采购、技术开发、人力资源管理、企业基础设施建设。这些活动中的每一种都对企业的相对成本地位有所贡献，并且奠定了差异化的基础。竞争优势来源于这些价值活动。企业正是通过比其竞争对手更廉价或更出色地开展这些重要的价值活动来赢得竞争优势的。

（三）文化学派：内部资源观

上面两种观点的共同之处是：都是从企业外部环境出发来分析企业竞争优势的。到了20世纪80年代末尤其是进入90年代以后，随着组织面临的环境日益复杂，环境的不确定性日趋增加，企业在行业中正确定位变得越来越困难；而且由于环境的动态变化越来越快，使得今天还合适的定位，没过多久就可能变得不合适了。在这种背景下，从企业内部出发寻求竞争优势构建的资源为本理论（Resource-Based View，RBV）引起了人们的注意。

RBV理论可追溯至英国著名经济学家马歇尔（A.Marshall），他在其影响深远的《经济学原理》一书中，最早提出了企业内在性特征对企业绩效有影响的观点。1959年，彭罗斯（Edith Penrose）发表《企业成长理论》，发展了马歇尔的思想，第一次将企业成长归结为企业内部资源的运用，认为企业的增长是资源过剩和关于资源认识水平提高的产物。然而，由于基于外部环境分析的企业战略理论在20世纪70年代以前非常盛行，马歇尔和彭罗斯的观点并没有引起人们的注意。

1977年，Muller研究发现，行业定位与企业利润并非必然存在相关性；1982年，Lippman和Rumelt经过实证研究也发现，产业内企业之间的利润比产业间的利润差异大得多。这些发现对于基于外部环境分析的企业战略理论提出了有力挑战。Birger Wernerfelt于1984年发表了*Resource-Based Theory*一文，正式提出了“资源为本理论”；随后，1986年，

Jay Barney 在《组织文化：是否能成为持久竞争优势的源泉》一文中提出，文化是对付模仿的最有效和最坚固的壁垒，因其有利于产生独特的结论，以及文化的模糊性，使得它难以理解和复制。1991 年，Barney 将资源为本的观点发展成了完整的理论。他首先描述了资源的概念，认为资源是"企业所控制的所有资产、潜力、组织过程、信息、知识等"，其中的战略性资源可以使企业获取竞争优势；Barney 同时提出了判断一项资源是否是战略性资源的四个标准，即价值性、稀缺性、不可模仿性、难以替代性。

资源为本理论认为，只有战略性资源，即独特的区位、垄断经营权、专利、稀缺资源、特殊能力等所带来的资产专用性，才能够防止竞争对手进入，从而形成因资源的独特性而带来的"李嘉图租"；并且，依靠企业自身持续创新活动，可以获得先行者的"熊彼特租"，保持持续性竞争优势。因此，企业内部的资源决定企业战略方向和内容，是企业利润的基本源泉。

（四）学习学派：核心竞争力理论

1990 年，普拉哈拉德（Prahalad）和哈默尔（Hamel）发表了《公司核心竞争力》一文，首先提出了核心竞争力理论该理论源于 Wernerfelt 于 1984 年提出的资源为本理论，二者都是关于构建和发展企业内部潜力的。不过，资源为本理论强调内部潜力的根源存在于企业文化之中，而核心竞争力理论则认为要通过组织的共同学习才能获得。后来，核心竞争力理论经钱德勒（Chandler）、斯多克（George Stalk）、伊万斯（Phliip Evans）、舒尔曼（Lawrence E.Shulman）、提斯（Teece）、匹萨诺（Pisano）、苏安（A.Shuen）、兰格路易斯（R.N.Langlois）、贺尼（A.Heene）等人加以补充和完善，逐渐成为 20 世纪 90 年代的主流战略理论。

核心竞争力理论认为，核心竞争力是"组织中的积累性学识，特别是关于如何协调不同生产技能并有机结合多种技术流的学识"。核心竞争力是竞争优势的源泉，而核心竞争力是组织共同学习的结果，尤其表现在怎样把不同的生产技术综合起来的能力上。因此，在 20 世纪 90 年代，以该理论为代表的学习学派认为，唯一可持续的竞争优势就是比竞争对手学得更快的能力；而且，企业应根据环境的变化，不断地学习，以获得动态的竞争优势。

（五）环境学派：商业生态系统共同进化理论

20 世纪 90 年代以前的企业战略管理理论，偏重于研究如何进行竞争及获取竞争优势。而进入 90 年代以后，随着竞争的不断加剧，竞争的形式和性质发生了重大变化，同行业间企业在竞争的同时，开始注重合作，即出现了竞合。基于这种理念，产生了战略联盟。有的战略联盟产生于不同行业的企业之间，还有的甚至产生于竞争对手之间。因此，一个企业要想获取竞争优势，不能仅从外部环境或者企业内部着手去分析，应该抛弃狭隘的竞争理念，从企业及企业所处的外部环境这两个方面去考虑竞争优势的问题，实现双赢甚至多赢。

在这种情况下，James F. Moore 于 1996 年提出了商业生态系统共同进化理论（Business Ecosystem Coevolution）。该理论认为，在产业界限日益融合的情况下，企业不应把自己看作是单个的企业，而应把自己看作是一个商业生态系统的一员，该经济系统的成员还包括供应商、主要生产者、竞争者和其他利益相关者；战略制定的基本单位不再是企业或产业，而是共同进化的生态系统，竞争的重点不再是产品与产品、企业与企业之间的竞争，而转到了生态系统之间以及在系统内取得领导和中心地位的企业之间。因此，要想取得竞争优势，首先要求企业所在的商业生态系统的成功，其次要求企业能够在这一成功的商业生态系统中取得领导地位。

类似的观点也见于 Nalebuf 和 Bandenbuger 合著的《合作竞争》。在书中，他们认为企业经营活动是一种可以实现双赢的非零和博弈，提出了合作竞争（Co-petition）的新理念。

（六）国内观点

国内学者在研究吸收和借鉴国外研究成果的基础上，针对如何获得竞争优势这个问题也提出了自己的一些见解。

1. 产业景气、战略群组和核心能力综合作用观

中国社科院李海舰研究员等认为，企业的竞争优势（CA）来源于 3 个方面：产业景气（I）、战略群组（S）和核心能力（C）。企业能在激烈的市场竞争中胜出必定是三者综合作用的结果，而具体哪个变量起主要作用，要视其他两个变量的情况而定。其构造竞争优势的模型为 $CA = F(I, S, C) = KI\alpha S\beta C\rho$。其中，K 为常数，I 表示产业景气，S 表示战略群组，C 表示核心能力，α、β、ρ 为权重，K 值可以按产业的竞争状况来赋值（如垄断产业可赋予 $K > 1$，非垄断产业可赋予 $K = 1$），α、β、ρ 可根据产业类型来赋值（如成长性产业可赋予 $\alpha+\beta+\rho > 1$，启蒙产业、衰退产业可赋予 $\alpha+\beta+\rho < 1$，成熟产业可赋予 $\alpha+\beta+\rho = 1$）。这样，对指标进行量化处理后，就可以把竞争优势转化为具体的竞争力进行比较。当比较同一产业内不同企业竞争优势时，只须假定 I 为常量，比较 S 和 C 即可。

产业景气主要表现为某个产业的市场空间和技术发展趋向；战略群组指企业在所在产业中的相对地位，即企业在该产业中能够排到第一方阵、第二方阵，还是属于末流，排名的标准可以是市场份额也可以是利润总额；核心能力是一种整合企业内外部资源的能力。整合不是简单的综合，而是以我为主，将有利于自身发展的各种驱动因素联为一体。这里的“资源”包括物质资源、人力资源、技术资源、组织资源、关系资源和商誉资源等。

这种观点是波特的定位理论和普拉哈拉德、哈默尔的核心竞争力理论的综合，具有一定的启发性。

2. 权变观

权小妍、董大海（大连理工大学）等认为，应以权变的视角来看待定位导向和资源导向的战略理论。具体来说，就是在不同的权变因素（环境的不确定性、企业规模、行业门类）下，采用不同的战略导向。在环境不确定性高的情况下，资源导向将比定位导向更适用。对于大企业来说，资源导向将为它们带来更高的绩效；但是定位导向更有助于小企业获取较高利润。服务企业采用资源导向能获得更高的企业绩效；相反，制造业更适合采用定位导向。

3. 企业生态因子异质性观

单汨源（湖南大学教授）等从生态学中的生态位等概念出发，提出了企业生态位的概念，进而对企业如何获取竞争优势提出了自己的观点。生态位是生态学中一个重要的概念，具体指一个生物单位（包括个体、种群或物种）对资源的利用和对环境适应性的总和。单汨源等提出，企业生态位指企业（或联盟）在特定时期特、定生态环境里能动地与环境及其他企业相互作用过程中所形成的相对地位与功能作用；企业生态位（Bt）可以看作是企业可利用的资源（Ra）和企业的地理位置（L）两个变量的函数，即 Bt = f（Ra,L）他们把 Ra 和 L 统称为企业的生态因子。

单汨源等认为，企业竞争优势的最终源泉在于企业生态环境维度中生态因子所存在的异质性或不对称性。企业生态因子的异质性使得企业能够比竞争对手更好地满足市场需求，并因此创造出更多的企业价值，而企业生态位的重叠只会造成企业之间过度竞争，导致资源配置的极大浪费。因此企业要建立自己的竞争优势，实现可持续发展，必须实施错位经营战略。错位经营战略指企业根据行业特点和自身特征，选择区别于竞争对手的生态因子组合，从而实现生产和经营的异质性或不对称性。

这种观点把竞争优势的取得归因于企业可利用的资源及企业地理位置的异质性，与 RBV 理论相比，一是多了一个因素即企业地理位置；二是企业可利用的资源要比企业内部资源的范围要广，因此可以把这种观点看作是 RBV 理论的一个发展。

四、战略与结构的关系

关于战略与结构的关系问题，无非是谁先谁后的问题。这个问题看似简单，但不同学者的答案却截然不同。

钱德勒在《战略与结构美国工业企业的发展历史》一书中，通过对美国通用、杜邦、西尔斯、标准石油公司等大企业经营历史的研究，首先给出了这一问题的答案，即结构跟随战略。

在钱德勒之后，研究战略与结构关系的学者不断增加。Bower 在 1970 年出版的《资源配置过程管理》一书中指出，特定的组织结构形式不仅提供了当前业务运作的框架，同时也规定了将来战略信息所传递的渠道，并对经营领域调整以及资本调拨等决策产生潜在的重要影响。霍尔和赛尔斯的观点则更加明了，并于1980发表了《战略追随结构》一文并指出，结构不仅影响组织对其环境和自身能力的认知，也决定了组织将采取的反应方式。

定位学派继承了设计学派“结构跟随战略”的观点，但同时又有所发展，即认为战略由产业结构所决定用图式表示就是：产业结构→战略→组织结构。

明茨伯格等则综合了以上两种截然相反的观点，认为结构与战略的关系，就像走路时的左脚和右脚一样，是相互领先而又相互跟随的，二者相互支持共同支撑组织；只有当组织跃变到一个新的高度时，二者才是齐头并进的。

在明茨伯格之前的学者，对于战略与结构关系的认识过于片面；明茨伯格的观点虽然克服了片面的缺陷，但对战略与结构之间的互动性认识不足。战略与结构的关系应该是辩证的：一定的战略要求一定的组织结构与之相适应，战略变化了，结构也应进行必要的调整；但是，结构也并非总是被动的，它对战略具有反作用，适合的结构有利于战略的实施，不适合的结构则会对其产生阻碍作用。这就像生产力与生产关系的关系一样。

五、企业战略管理综述

（一）企业战略管理的性质

战略管理是整合性管理理论，是企业最高层次的管理理论。它不是从企业局部的角度来讨论管理问题，与职能管理有着本质的区别。因为在实际的管理活动中企业是不能分割的，它是由具有执行不同功能的部分所组成的一个统一体，在社会进步和经济发展中作为一个整体而发挥着作用。如何将企业的各个职能部分协调一致、有机地结合起来运作，就需要企业战略管理理论发挥作用。企业战略管理理论从企业整体的、全局的角度出发，综合运用职能管理理论，处理涉及企业整体的和全面的管理问题，使企业的管理工作达到整体最优的水平。

战略管理是企业高层管理人员最重要的活动和技能。低层管理者所需要的能力主要是技术能力和人际能力；中层管理者的有效性主要依赖于人际管理能力和思维能力；而高层管理者最需要的能力是思维能力或战略能力，这是保证他们工作有效性的最重要的因素。因此对于企业高层管理者来说，最重要的活动是制定战略和推进战略管理，以保证企业整体的有效性。

战略管理的目的是要提高企业对外部环境的适应性，使企业做到可持续发展。企业组织是社会这个大系统中的一个不可分割的和具有开放性的组成部分，它的存在和发展在很大程度上受其外部环境因素的影响。这些因素或影响力包括企业内部和外部两大因素，间接地对企业起着作用。企业的外部环境既复杂多样，又动荡多变，时刻发生着变化。如何在这种复杂多变的外部环境中生存并持续地发展下去，是战略管理的任务和目的。战略管理促使企业高层管理人员在制定、实施企业战略的各个阶段上，都要清楚地了解有哪些外部因素影响企业，影响的方向、性质和程度如何，以便制定新的战略或及时调整企业现行的战略以适应外部环境的变化，做到以变应变，不断提高企业的适应能力战略管理不仅涉及战略的制定和规划，而且也包含着将制定出的战略付诸实施的管理，因此是一个全过程的管理。

（二）企业战略管理的定义

企业确定其使命，根据组织外部环境和内部条件设定企业的战略目标，为保证目标的正确落实而进行谋划，并依靠企业内部能力将这种谋划和决策付诸实施，以及在实施过程中进行控制的一个动态管理过程。

（三）企业战略管理的层次

一般说来，一个企业的战略可划分为 3 个战略层次，即公司战略、经营（事业部）战略和职能战略。

1. 公司战略

这是企业总体的、最高层次的战略。公司战略的侧重点在两个方面：一是从公司全局出发，根据外部环境的变化及企业的内部条件，选择企业所从事的经营范围和领域；二是在确定所从事的业务后，要在各事业部门之间进行资源分配，以实现公司整体的战略意图。这也是公司战略实施的关键内容。

2. 经营（事业部）战略

有时也称为竞争战略，它处于战略结构中的第二层次。这种战略所涉及的决策问题是在选定的业务范围内或在选定的市场产品区域内，事业部门应在什么样的基础上来进行竞争，以取得超过竞争对手的竞争优势。为此，事业部门的管理者需要努力鉴别最有盈利性和最有发展前途的市场，发挥其竞争优势。

3. 职能战略

其是在职能部门中，如生产、市场营销、财会、研究与开发、人事等，由职能管理人员制订的短期目标和规划，其目的是实现公司和事业部门的战略计划。职能战略通常包括市场策略、生产策略、研究与开发策略、财务策略、人事资源策略等职能策略。如果说公司战略和事业部战略强调“做正确的事情”的话，则职能战略强调“将事情做好”。职能战略直接处理这些问题，如生产及市场营销系统的效率、顾客服务的质量及程度、如何提高特定产品或服务的市场占有率等。

公司战略、经营战略以及职能战略构成了一个企业的战略层次，它们之间相互作用，紧密联系。如果企业整体要想获得成功，必须将三者有机地结合起来。

（四）企业战略管理的过程

第一步，战略分析。战略分析是整个战略管理的起点，对企业制定何种战略具有至关重要的作用。它主要包括企业外部环境的分析以及企业环境的分析。外部环境的分析着眼于企业所处的宏观环境、行业环境和经营环境；内部环境的分析着眼于企业资源、能力和市场竞争力。

第二步，战略制定。企业可以从对企业整体目标的实现、对中下层管理人员积极性的发挥以及企业各部门战略方案的协调等多个角度考虑，制定适合企业自身发展的战略。

第三步，战略实施。企业根据自身的特点，以及所处的环境，选择适合自己的战略。企业构建良好的组织结构，完善企业采购系统、生产或运营系统、研究与开发系统以及人力资源系统。另外，最重要的需要管理层很好地发挥作用，使企业各部门之间有着良好的沟通，企业战略能够成为企业各级人员的共同目标，发挥团队优势实现企业战略的良好实施。管理层还应对战略的实施效果采用合理的方法进行评估，并实时地对战略进行完善，采取适当的奖罚措施，促进战略在各部门之间良好的实施。

（五）企业战略管理的作用

战略管理作为当代企业管理最重要的特征，其思想方法已得到广泛运用。在竞争越是激烈的行业，运用战略管理的企业就越多；企业规模越大，也越重视战略管理。当企业处于外部环境急速变动和面临重大转折之际，企业就非常有可能从战略角度来重组企业；在企业的经营过程中，战略管理发挥着极其重要的作用。

第一，战略管理可以促使企业管理阶层不断检查与评估目前战略的价值与合理性。当原有战略的合理性基础遭到损害或改变时，企业可以及时调整或重新制定战略以适应环境，使企业继续得以发展。

第二，战略管理可以促使企业将内部资源条件与外部环境因素结合起来考虑，对影响企业经营的种种重要影响因素的变化能有高度的警惕性。

第三，战略管理可以促使企业时刻关注企业的未来，不断审视当前决策对企业未来运作所产生的影响，使企业的长期利益得到保证。

第四，战略管理可以促使企业努力寻求业务发展最具潜力的领域，不断通过多种方案的比较来做出最具价值的选择。

第五，战略管理可以促使企业倾心于资源的合理配置，通过资源结构的优化使资源效能得以最大限度地利用和发挥，并在必要时引进新的资源，推进企业整体规模的扩大和效益的提高。

第六，战略管理可以促使企业改进决策方法，优化组织结构，把日常管理建立在系统与有序的基础上，增强企业的协调沟通与控制职能，不断提高管理的效率和水平。

第七，战略管理可以促使企业增强凝聚力。通过让员工参与战略酝酿、决策和实施过程，减少改革的阻力，最大限度地激发员工的激情和潜能，从而确保战略目标的最终实现。

六、企业战略管理理论的演变与新趋势

企业战略管理理论研究的发展经历了一个层层深化的过程，存在奠基、鼎盛、反思、重振等几个清晰的、已经得到普遍认可的研究阶段，这些阶段共同构成了战略管理理论研究领域的丰富多彩。20 世纪 90 年代以后，不少通过多元化经营形成的大产业开始出现问题，多元化的热潮也开始消退。随着全球经济一体化进程的加速，企业经营环境的不确定性日益增大，产业边界日益模糊，产业结构的稳定性日益下降，企业的竞争优势越来越难以持续。大数据时代的到来更是将这一形势推向更激烈的局面。在急剧变化的环境中，许多战略管理学家在思考企业如何赢得长久的竞争优势，从而促进了战略管理理论的新发展。

（一）企业战略管理理论的演变历程

企业战略管理理论的研究始于 20 世纪 50 年代中期，中间经历了繁荣、衰落和重振的阶段，逐渐成为企业管理学中的重要名词和重要的研究方向。20 世纪初，企业管理的重点是偏差控制与复杂管理，管理的形式是预算控制；20 世纪 50 年代，管理的重点是预测与复杂性管理，管理的形式是长期计划；在 20 世纪 60 年代，管理的重点是战略推进与能力变革，管理的形式是战略计划；20 世纪 70 年代中期起，管理的重点转向战略的突变与适时反应，管理的形式也转向了战略管理。

西方学者对于战略管理的研究始于 20 世纪 50 年代中期，代表作是美国彼得·德鲁克的《管理实践》。该书在战术性决策和战略性决策之间做了区分，书中将战略性的决策定义为“为企业目标及其实现方法所进行的所有的决策”。

20 世纪 60 年代，由于企业面临的经营环境比较简单，竞争不激烈，经济处于自然增长阶段，企业的经营活动主要集中在提高生产效率，不重视企业发展的战略性问题。但一些管理学专家已经开始了企业战略管理的研究。其研究主要集中在 3 个方面：认为战略、环境、组织之间必须相互适应才能促进企业的发展，即研究战略与环境的关系；将战略内容区分为制定与实施两大部分，并提出 SWOT 分析法，认为战略应自上而下由高层领导构思设计推行，即战略研究的设计制定过程；把战略区分为公司级战略和经营级战略，即研究战略的实施过程。

20 世纪 70 年代，企业经营环境剧烈动荡，对企业的长期目标的管理成为重点，因此形成了战略管理的热潮。此时的著作所关注的主要问题是公司所处的行业环境。与 80 年

代的著作相比，它们更多地假设企业处在竞争性的环境中，并以此为基础来考虑企业战略。但在70年代的战略热中，企业尚未准确领会战略的深刻内涵，片面地注重财务方面的战略改进，而不是从环境与企业的相互作用中去发掘新的战略机会。由于缺少远见卓识的气魄和运筹全局的能力，一些企业错失了许多有利的商业机遇。

进入20世纪80年代，美国管理界掀起了“管理软化”的热潮，企业纷纷重视起企业文化，管理作风等软性因素的作用，而把战略、制度、组织等硬性因素的重要性抛在一边。以美国为中心的西方管理理论异常活跃，涌现了“经验学派”“社会学派”“系统学派”“经理角色学派”等诸多学派，这一时期战略管理研究者在行业竞争状况和企业竞争分析方面获得了许多突出的成就并对公司战略的执行问题有新的看法。

进入20世纪90年代，随着企业的规模日益壮大，管理层次越来越多，管理幅度越来越大，使大企业管理的有效性和效率问题变得非常重要。企业能否灵活有效地综合利用内部资源以适应外部环境的变化，成为企业成败的关键因素。该时期的主要著作涵盖了对灵活性、全球联盟与全球网络、技术、技能和学习的研究。耐尔森与温特的《经济变革的进化理论》和派尔与赛伯的《第二次工业划分》最先提出了这些观点。该时期企业战略研究的重点是如何应变以及如何在复杂多变的环境中制定和实施企业经营战略，从而使企业在险恶的环境中不迷失方向并健康发展。特别是在出现战略脱节的情况下，战略思维和战略管理就显得尤为重要。

（二）现代战略管理的特点和发展趋势

1. 制定企业战略的竞争空间在扩展

企业必须从全球的角度、跨行业的角度、无边界的范围内来考虑配置自身的资源，以获得最佳的管理整合效果。

2. 企业战略具有高度的弹性

战略弹性是基于企业自身的知识系统对不断变化的不确定情况的应变能力，员工的知识结构及其组合的方式和机制是战略弹性的核心部分。因其具有难以模仿性，战略弹性一旦建立，就确立了企业的战略优势。

3. 不过多考虑战略目标是否与企业所拥有的资源相匹配

企业不能简单地平均分配资源，而是要创造性地通过各种途径来整合资源，通过与知识的组合来克服资源的限制，从而为顾客创造更多价值。

4. 由企业或企业联盟组成的商业生态系统成为参与竞争的主要形式

未来的竞争是不同商业群落之间的竞争。对于一个单独的企业个体来讲，竞争更体现在加入或营造有影响力的、能为自己带来实际价值的企业生态系统，在竞争与合作的和谐环境中，寻求一个更为有利的地位。

5. 制定战略的主题趋于多元化

信息传播方式的网络化决定了每一个个体在整个网络系统中都是信息传播的一个节点，高层主管不再居于信息传播的中心，普通员工可以有更多的机会参与企业的战略制定，他们具有既是决策参与者，又是决策执行者这一双重身份的特征。

6. 战略的制定从基于产品或服务的竞争，演变为在此基础上的标准与规则的竞争

企业会有意识地制造变革、与行业中具有重要影响的对手或企业联盟共同合作，创造和制定指导行业的技术标准或者是竞争规则。

7. 战略理论研究的视角趋于多元化

由于战略管理中的复杂性，使得人们从不同学科、不同视角去研究战略管理理论。但从研究方法的角度来看，系统思考是应对复杂性和变化的最有效的手段。

（三）国内企业战略管理创新理论

随着市场环境变化节奏的日益加快，市场竞争的不断加剧，企业在进行战略管理时已经不能只从企业自身角度出发，把企业作为一个独立的存在来思考和做决策；企业也不能仅仅追求适应环境，更要创造环境，抓住未来。战略管理也在朝这个方向发展，这些最新发展的战略理论包括边缘竞争战略理论、和谐战略管理理论、战略生态理论、柔性战略理论等。

1. 边缘竞争战略理论

布朗（Shona Brown）与艾森哈特（Kathleen Eisenhardt）于1998年合作出版了《边缘竞争》一书，提出边缘竞争战略的理论观点。该理论的前提条件是：企业所处的环境是高速变化的，变化是不可预测的，组织变化的能力是公司绩效的关键因素。这时企业受到的战略挑战是：对变革做出必要的反应，在任何情况下，都要尽可能地预测变革，并在合适的时机促进和领导变革。边缘竞争方法将综合战略方法的两个方面的内容，并不断地寻找新的战略目标以及实现战略目标的方法。

要使得这种战略充分显示出业绩的关键动力就是应变能力。衡量成功的标志是生存的能力和应变能力，而最终将是随着时间的推移不断地改造企业的能力。该战略的核心在于利用变革的动态本质构建一系列的竞争优势，力图捕捉无序平衡的边缘状态，使得企业在无序和有序之间保持微妙的平衡状态。

2. 和谐战略管理理论

和谐战略管理理论紧密依赖于环境，围绕和谐主题解决上述战略难题，其中主要是指特定时间里，环境与战略的互动过程中所产生的妨碍企业目标实现的问题。

和谐机制由“和则”及“谐则”共同构成。“和则”用来应对人的永恒不确定性，“谐则”的着眼点在于确定性中的效率问题。当环境趋于稳定时，即不确定性较低时，“和则”的作用相对减弱，在战略形成与实施中，主要依靠“谐则”的力量发挥作用。当环境趋于复杂多变时，又无法在事前预设、预测出所有的因素，则需要通过“和则”的作用来消减不确定性。虽然不确定性不可能完全消减，但可以通过及时的调整来适应不确定性。因此，通过“和则”与“谐则”的交互作用进行协调，以及时应变从而使不确定性相对降低。和谐战略是传统战略的扬弃，保证了战略的相对稳定性。

3. 战略生态理论

战略问题的生态实质及特性从生态学的角度看，企业竞争环境也是一种生态系统，它具有一般自然生态系统基本的特征，即企业与战略竞争环境的相互作用。企业生活在这个战略生态系统中，就像生物生活在自然环境中一样，企业与生物都有生命周期，企业就是一个生命体，企业生命周期的长短依赖于其自身对战略环境的适应能力和协同进化能力。只有当企业通过自身变异或进化能适应战略生态环境的进化规律时，企业才能生存。因此，可以说企业生存与发展的过程就是企业与战略生态环境协同进化的过程，即企业的使命就是谋求与战略生态的和谐共生关系。通过全面考察战略生态系统的组成与结构战略生态环境、自组织机制、核心竞争力及其扩张性、生态系统的竞争与合作、生态系统的评价与诊断等方面，为企业提供适应新现实环境的新的战略逻辑和战略视角。生态学为企业战略理论发展提供了新视角、新思路、新方法、新的更为开阔的视野。战略生态研究有助于企业经营管理者摆脱战略“近视”，能够以生态思维指导企业的战略竞争行为，使企业从有限的焦点到广阔的视野，促进企业与战略生态系统之间生态共同体的构建与协同进化，对发展企业战略管理与竞争手段具有重要价值。

4. 柔性战略理论

任何环境的变化都对参与竞争的企业提供机会，也造成威胁，而且这些变化往往更多地来自竞争企业本身。如何研究环境变化的混沌性和不可预见性、事物发展的非线性，研究利用自身的能力和资源来主动利用变化，甚至制造变化来控制未来，增强战略的“预见力”和应变能力，从而建立竞争优势，是新一代战略研究的问题。汪应洛等根据竞争环境的变化在国内最早对柔性战略的理论进行了系统研究，他们针对“国内外研究者对战略柔性的提法只是更多考虑适应性”的特点，强调不仅要适应环境变化，而且要主动利用变化和制造变化来增强自身的竞争实力。他们提出所谓柔性战略，是指企业为更有效地实现企业目标，在动态的环境下，主动适应变化，利用变化和制造变化以提高自身竞争能力而制定的一组可选择的行动规则及相应方案；并从竞争的要素角度提出柔性战略，包括资源柔性、能力柔性、组织柔性、生产柔性和文化柔性。在此基础上，演绎出动态能力的形成机理与企业柔性战略的框架结构，归纳出基于动态能力观的企业柔性战略模型，并进一步讨论了动态能力与柔性战略相互作用的过程。

认识战略管理的地位和作用，不断地重视企业的战略管理，有助于决策者从琐碎的日常事务中解脱出来。及时发现和解决那些有关企业生死存亡、前途命运的重大战略问题，有助于用战略眼光将企业经营活动的视野放在全方位的未来发展和广阔的市场竞争中，获得更大的发展。因此，战略管理理论的发展必将在强调战略管理对企业作用的基础上，强调其对企业发展的指导作用，只有这样才能使企业在千变万化的市场和全球竞争环境中生存和发展，也才能真正起到理论源于实践并指导实践的重要作用。

第二节　大数据与企业战略思维

移动互联网和现代信息技术的快速发展，将人们的生产生活带入到了“大数据时代”。“大数据”与“海量数据”“大规模数据”的概念一脉相承，指的是“科学仪器、传感设备、互联网交易、电子邮件、音视频软件、网络点击流等多种数据源生成的大规模、多元化、复杂、长期的分布式数据集”。大数据在改变人们日常生活方式的同时，也显著地影响着企业的营销方式、管理模式、商业模式、竞争情报获取等多方面。有学者认为，大数据增强了企业决策的不确定性和不可预测性，传统的战略论逻辑遭遇到严峻挑战。大数据的兴起与应用，本质上意味着“一场管理革命”，改变了传统上依赖于经验与直觉决策的行业与领域，将企业带入到精准量化管理时代，使企业可以进行更可靠的预测、更有效的决策。

大数据发展对企业经营管理的各方面都产生了深刻影响。管理学界对大数据的影响已有敏锐的洞察，学者们开始重视并试图分析其对商务管理各方面潜在的影响。但梳理已有文献，笔者发现学者们对大数据影响的讨论与分析，主要聚焦于营销管理领域。如美国零售业巨头西尔斯公司通过群集收集来自不同品牌的数据，基于此进行深度分析，结果让公司的推销方案变得更快捷、更精准。学者对大数据的分析之所以聚焦于营销管理领域，与大数据主要产生于消费者的访问、交易与评价记录有关。国际商业机器有限公司中国开发中心首席技术官毛新生指出，大数据不再是商业活动的附属品，大数据对企业而言，如同石油一样重要，收集、整合、分析、利用、校准大数据，每一个环节都体现了全新的商业能力。企业高管应重视大数据的价值，将其视为一种竞争要素和战略资源。一些学者也认为，大数据对企业的战略管理发展有着重要的影响，具体表现在以下方面。

第一，大数据资产化成为企业战略思维拓展的关键。企业管理过程中有两种比较常用的战略决策思维方式，分别是我们比较熟悉的分析企业外部环境的波特五力竞争模型和分析企业内部环境的SWOT分析法。但不管我们使用哪一种方法，都要以资源的获取为前提。在互联网时代，这里所指的资源，不再是传统的如生产原料人员等物质资源，还包括大数据这种无形的资源。正是这种看不见摸不着的信息资源，构成了企业竞争强有力的砝码。

第二，大数据常态化成为企业经营环境重塑的动力。技术是企业经营环境的重要组成部分之一，信息技术前沿领域中大数据的应用对企业经营环境的重塑作用不可小觑。对大数据的有效收集、整理、归纳以及分析应用决定着企业的行业分析、市场分析、决策制定甚至是发展战略的重大调整。企业如果抢占了这个技术前沿，就有可能为企业赶超强敌提供强有力的支撑，重塑企业经营环境。

第三，大数据规范化成为优化企业战略决策的帮手。大数据时代的发展对企业战略决策的变革主要来源于两个方面。其一，从企业的战略决策主体来看，大数据促使企业战略决策主体趋于大众化。企业的发展若想改进商品服务、提高核心竞争力、扩大市场占有率，必须将大众、一线员工和基层管理者纳入企业决策主体队伍中来，最大化地利用并结合数据，最终实现企业价值的最大化。其二，大数据使企业决策的依据趋向精准化。在大数据时代，对海量数据进行梳理、筛选、分类，提高信息的有效性和关联性，基于数据量化分析结果做出理性的决策，必须让“大数据”说话。

第四，大数据精准化成为决策效果实时评价的要点。大数据时代所具备的一个突出特征就是时效性高，企业不仅在决策时可以应用企业建立的大数据资源库去更加便捷地获取市场信息，而且可以通过先进的信息技术手段对信息进行实时监控，从而实现对决策效果的跟踪评价，随时根据现实情况及时进行战略调整，帮助企业紧随市场需求占领先机。

鉴于战略管理领域关于大数据的影响分析现状，本节重点探讨大数据对企业战略思维的影响以及大数据时代企业战略思维的特征，以期为企业在新的竞争环境下进行管理决策提供参考。

一、传统战略思维回顾

战略思维是指企业高层管理者摆脱日常管理事务，获得对组织不同愿景规划以及环境变化的认识。战略思维的本质是企业决策者关于企业战略的决策思维，关系到企业战略决策的成败。战略思维的形成，始于战略决策者对企业及其所处的客观环境的认知。

企业战略思维形成的认知要素，在不同发展阶段具有不同的侧重点。20世纪60年代，研究的重点是“企业外部市场机遇及企业内部能力”；20世纪70年代，研究的重点是“企业外部环境的不确定性”；20世纪80年代，研究的重点是“企业利益相关者，企业所处行业的五种竞争力量，以及顾客、企业、竞争对手"；20 世纪 90 年代，研究的重点是"企业核心竞争力"。根据不同年代战略思维认知要素所包含的维度不同，可以把战略思维模式分为：一元战略思维（20 世纪 70 年代的"环境"战略思维，20 世纪 90 年代的"核心竞争力"思维）、三元战略思维（20 世纪六七十年代的经典 SWOT 思维）、四元战略思维（20 世纪 80 年代的"顾客—企业—竞争对手"思维）、五元战略思维（20 世纪 80 年代的"五力模型"思维）和 N 元战略思维（20 世纪 80 年代的利益相关者思维）等。

已有文献基于对战略思维认知要素的分析，区分了战略管理理论兴起后的战略思维模式。战略管理的本质实际上是要重点思考 3 个问题：企业在哪里；企业将要去哪里；企业何时竞争；即企业如何利用自身有效的资源或资产，在充满竞争的环境下，满足顾客的需求，从而实现价值的创造。本研究从资源、竞争、顾客三方面出发，考察大数据对"以资源为本""以竞争为本"和"以顾客为本"3 种战略思维的影响及其表现出来的主要特征。3 种战略思维的内涵与特征如表 2–1 所示。

表 2–1　以资源、竞争、顾客为本的战略思维模式及特征

	以资源为本的战略思维	以竞争为本的战略思维	以顾客为本的战略思维
战略思维方向	由内而外	行业内的竞争	由外而内
战略重点	企业的独特资源	竞争对手	顾客及顾客需求
战略目的	充分利用企业的独特资源	比竞争对手做得更好或打败竞争对手	维系顾客或比竞争对手更好地满足顾客
评价指标	企业资产	行业吸引力	顾客价值

二、大数据对传统战略思维的影响

（一）对"以资源为本"战略思维的影响

Wemerfeh 在其 1984 年发表的经典文章 *Resource-Based-View of the Firm* 中提出，企业的组织能力、资源和知识的积累，是企业获得并保持竞争优势的关键。此后，Barney 等学者进一步指出，企业是一系列资源的集合，企业所控制的有价值的、稀缺的、不可模仿的、不可替代的资源和能力，是企业获得持续竞争优势的关键。在此基础上，Prahalad 和 Hamel 于 1990 年在 *Harvard Business Review* 上发表 *The Core Competence of the Corporation* 一文，认为企业提供产品或服务的特殊能力是基于其核心能力，它是企业可持续竞争优势的来源，不应将企业看作不同资源配置下的不同业务组合，而应将企业看作隐藏于业务组合背后的、更深层次的核心能力的组合。企业只有基于所拥有的资源而不断构建、培育和巩固其核心能力，才能获得可持续的竞争地位。基于核心能力的战略思维，实质上是以资源为本的战略思维模式的扩展和动态化，虽然存在差异，但两者都强调竞争优势的内生性。在以资源为本的战略思维指导下，企业决策者们愈加重视企业是否拥有不同于竞争者

的独特资源，是否具有超越竞争对手的核心能力。

在大数据时代背景下，大数据无疑是现代企业重要的战略资源。如果企业基于现代信息技术，掌握各利益相关者特别是顾客的数据，将有助于其竞争优势的获取与维持。以小米为例，这个成立于2010年4月的移动互联网公司，秉承“为发烧而生”的经营理念，在2014年10月便成为仅次于三星公司和苹果公司的全球第三大智能手机制造商。在中国大陆市场，小米已经超过三星成为智能手机领导者。小米公司的成功，在很大程度上可以归结于其“为发烧而生”的理念。该理念的内涵是小米公司基于“发烧友”（忠实顾客）设计手机，并以低价向他们出售手机。小米公司的创新体现在MIUI智能手机系统上，而该系统的先进性或优势，来源于广大的用户。截至2020年4月，小米手机已拥有3.1亿人的MIUI用户群。小米公司推出MIUI的新版本，进行渐进式系统升级，而系统升级的想法则来自于“号召上百万人提意见”。

掌握庞大的顾客信息数据，通过创建网络社区等方式与顾客实时互动，收集顾客想法、意见并给予及时回应，不断地满足顾客的不同需求，是小米公司高速成长的主要因素。可见，拥有和利用大数据，能够让现代企业获得竞争优势并快速成长。获取大数据和利用大数据创造价值，成为新经济环境下以资源为本战略思维需要升级的内容。

一些传统企业缺乏获取并利用大数据的战略思维，导致在新的竞争环境中失掉了原有的竞争优势。以传统零售行业为例，很多零售企业的结账平台仅用于记录不同货物的销售量、销售金额等信息，缺乏对购买者信息的收集、分析与利用。再如，许多零售门店的监控摄像头仅用来防范偷窃，而不是用来记录顾客信息、分析顾客心理与行为。万宝龙就曾利用监控录像记录进店顾客的不同表现，然后让有经验的销售人员分析和判断，并将相关的知识体系制成软件，协助一线销售人员进行销售，使一线销售人员知晓什么时候该与顾客攀谈，什么时候让顾客自己挑选等，结果使单个门店的销售额提升了20%以上。

在大数据背景下，企业与外界环境之间的边界日益模糊，信息共享和知识溢出成为企业与利益相关者之间合作竞争与协同演化的主要方式。在这样的竞争背景下，信息和知识成为企业管理中的重要生产要素，也是决定企业创新力的关键。基于大数据平台与外界建立社会网络，从外界获取有价值的信息，是企业获得竞争优势的关键。因此，重视大数据这种战略资源，积极获取、利用这种战略资源以获得竞争优势，是以资源为本战略思维需要拓展的重心。

（二）对“以竞争为本”战略思维的影响

以竞争为本的战略思维的产生，源于20世纪80年代以迈克尔·波特教授为代表的学者提出的竞争战略理论。在该理论的指导下，竞争成为企业战略思维的出发点。竞争战略理论认为，行业的盈利潜力决定了企业的盈利水平，而决定行业盈利潜力的是行业的竞争强度和行业背后的结构性因素。因此，产业结构分析是建立竞争战略的基础，理解产业结构永远是战略分析的起点。企业在战略制定时重点分析的是产业特点和结构，特别是通过深入分析潜在进入者、替代品威胁、产业内部竞争强度、供应商讨价还价能力、顾客能力这 5 种竞争力量，来识别、评价和选择适合的竞争战略，如低成本、差异化和集中化竞争战略。在这种战略理论的指引下，企业决策者会逐渐形成“企业成功的关键在于选择发展前景良好的行业”的战略思维。

伴随着大数据时代的到来，产业融合与细分协同演化的趋势日益呈现。一方面，传统上认为不相干的行业之间，通过大数据技术有了内在关联。例如，阿里巴巴已涉足金融、物流、云计算等行业，传统的零售企业开始从事电子商务。大数据平台的构建，以及对大数据的挖掘和应用，促进了行业间的融合。另一方面，大数据时代，企业与外界之间的交互变得更加密切和频繁，企业竞争变得异常激烈，广泛而清晰地对大数据进行挖掘和细分，找到企业在垂直业务领域的机会，已经成为企业脱颖而出、形成竞争优势的重要方式。在大数据时代，产业环境发生深刻变革，改变了企业对外部资源需求的内容和方式，同时也变革了价值创造、价值传递的方式和路径。因此，企业需要对行业结构，即潜在竞争者、供应商、替代品、顾客、行业内部竞争等力量，进行重新审视，进而制定适应大数据时代的竞争战略。

（三）对“以顾客为本”战略思维的影响

伴随着 20 世纪 90 年代产业环境动态化、顾客需求个性化等发展趋势，以顾客为本的战略思维模式逐渐形成。这种思维模式的核心是，强调企业的发展必须以顾客为中心，无论是增强自身能力，还是拓展市场，都要围绕顾客需求展开。研究顾客需求、满足顾客需求是这种战略模式的出发点。在这种战略理念的指引下，企业决策者意识到，要想获得竞争优势，就要比竞争者更好地发掘并满足顾客需要，创造独特的顾客价值。

在大数据时代，以顾客为本的战略思维也需要有新的变革。围绕顾客需求和企业的产品价值链，大数据时代的一个突出特点是通过社会互动而产生的深刻影响。从新产品开发、测试到新产品的投放，社会互动都扮演着日益重要的角色。例如，在新产品开发阶段，小米公司的 MIUI 系统开发同上千万 MIUI 用户的互动，是产品创新的智慧来源。再如，美国某 T 恤衫销售公司，每个员工都可以向其公司网站上传自己的设计，然后由网络用户对产品设计进行投票，公司最后决定制作销售得票最高的 T 恤衫。又如，英国的一家家具企业则通过其网站来测试消费者对每种新产品的看法，经过投票产生前 5 名新产品，然后才向市场正式推出新产品。在营销层面，当今的电商平台，无论是国外的亚马逊，还是国内的淘宝网、京东商城，都对网络口碑高度重视。网络口碑的实质就是顾客之间对产品看法和意见的互动，后续消费者会根据已有的口碑进行消费决策，互动口碑已经成为产品营销的战略举措。

关于大数据时代顾客价值创造方式的分析的一个共同特点是，价值创造的主体变得模糊，社会互动日益突出。以顾客为本的传统战略思维，强调的是企业需要洞察市场、洞察顾客需求，进而设计新产品或改进已有产品，满足顾客需求并创造价值。由于大数据技术的发展，社会互动能够被观察和有效控制。因此，大数据对以顾客为本战略思维的影响，主要表现在重视企业和利益相关者的社会互动，例如同供应商互动设计更好的零部件，同顾客互动设计新产品、测试新产品、推销新产品。企业与利益相关者的互动，会以更高的性价比创造价值，满足顾客需求，从而获得竞争优势。

三、大数据时代战略思维的主要特征

在互联网时代，人们经常讨论怎样用互联网的方式思维，以及如何持有互联网的思想、互联网的思考方式。在大数据时代，应该有大数据的思维方式。参考美国西北大学凯洛格商学院陈宇新教授，论述大数据时代的“大数据战略思维”特征主要表现为：定量、跨界、执行和怀疑。

（一）定量思维特征

其是指“一切都可测量”。虽然现实经营管理的情况不是都可以测量，但是企业决策者要持有这样的理念。例如，现在很多餐饮连锁企业都有消费会员卡，但是一般只记录顾客的消费金额，关于顾客的消费内容则并没有记录。但如果有了这样的记录，每个顾客来消费时，就不仅可以判断他的消费水平，也能分析判断他的消费偏好。管理者如果具备定量思维，秉承一切都可测的思想，记录有用的顾客信息，将会对企业的经营和战略决策产生积极作用。

引领企业实现大数据转型的企业决策者，在进行企业重要决策时，应该养成看“数据怎么说”的思维习惯。参考数据分析结果进行管理决策，既能有效避免仅凭直觉判断的不足和风险，也能改变企业内部的决策文化，将企业经营模式从依靠“劳动生产率”转移到依靠“知识生产率”上来。

（二）跨界思维特征

其是指“一切都有关联”。企业经营的各方面之间都有相关性，应该发挥领导者的想象力，将看似不相干的事物联系起来。例如，移动终端和 PC 终端的跨界，微信、社交网络跟电子商务的跨界。通过跨界能够开创新的商业模式，构建新的价值链。如果说通过大数据挖掘消费者需求考验的是企业的洞察力，那么高效地满足客户需求考验的是企业内在的整合与优化能力。企业要想实现价值最大化，就要善于利用大数据提升价值链的效率，对其商业模式、业务流程、组织架构、生产体系等进行跨界整合，以进一步提升为客户服务的效率和企业竞争力。基于大数据的思维不仅可以提升企业的内在效率，还能帮助企业重新思考商业社会的需求，从而推动自身业务的转型，重构新的价值链。阿里巴巴集团就是充分利用大数据，成功地由一家电子商务公司转型为金融公司、数据服务公司和平台企业，它的转型给金融、物流、电子商务、制造、零售行业带来了深刻影响。

（三）执行思维特征

其是指“一切都可利用”。执行思维强调充分地发掘、利用大数据。企业收集了大量的数据，但存放着不利用属于资源浪费。企业应该注重实效，将大数据蕴含的市场信息发掘出来，并执行下去，及时对市场和利益相关者做出反应。在大数据时代取得成功的企业，并不是简单的拥有大数据，而是通过对大数据的分析，发现市场机会，从而开发新的市场。企业依托大数据分析获得的创意，为市场提供相当独特的产品和服务，通过高效的组织运作与执行，最终赢得顾客、赢得市场。

（四）怀疑思维特征

其是指“一切都可试验”。企业获取了大数据，进行分析获取一定信息之后，有时会导致决策产生更大的偏差；认为有了数据的支持就觉得实际情况就是如此，从而忽略了深入的思考。实际上，有的时候数据会产生误导，所以不能对数据有盲从的思想，相应地还要有怀疑试验的思想。例如，航空公司经常根据顾客在本公司的消费情况计算其顾客价值，进而根据顾客价值的大小采取不同的营销策略。假如 A 顾客在某航空公司年消费金额为 2000 元，公司可能将其归类为低价值顾客，实际上该顾客在其他航空公司年消费额超过 2 万元。面对这样的情形，航空公司仅仅根据自己掌握的顾客消费数据进行决策，难免会产生错误或偏差。因此，管理者还需要有怀疑试验思维，要思考获得的大数据是否全面，来源是否精准，不能盲目认为只要拥有大数据，就能够进行精准的决策。

基于以上分析，参照麻省理工学院安德鲁·麦卡菲教授提出的“企业 2.0”可知，大数据时代应发展大数据战略思维，同时应该将传统的战略思维升级到 2.0 版本，体现大数据时代的战略思维特征。大数据时代的企业战略思维总结如表 2–2 所示。

表 2-2　"大数据"时代的企业思维

		理念	手段	目的
企业战略思维 2.0	以资源为本战略思维 2.0 版	大数据是核心战略资源	基于大数据挖掘，获得关于市场和竞争的独特认知	基于大数据的独特认知获取竞争优势
	以竞争为本战略思维 2.0 版	大数据改变了行业结构特征	依托大数据重新审视 5 种力量	制定适应大数据时代的竞争战略
	以顾客为本战略思维 2.0 版	社会互动改变价值创造模式	依托大数据技术测量、控制社会互动	基于社会互动创造独特客户
大数据战略思维	定量思维	一切都可测量	记录有用的市场信息	敏锐地洞察市场变化
	跨界思维	一切都有关联	将看似与不相干的事物联系起来	开拓新的商业模式
	执行思维	一切都可利用	充分发掘、利用好大数据	基于大数据的独特认知，实时对市场和利益相关者做出反应
	怀疑思维	一切都可试验	基于多渠道的信息，检测大数据信息的可靠性	提升基于大数据信息决策的正确性

大数据时代，消费者的决策方式、购买行为等发生着显著变化。为此，企业经营管理过程中的战略思维应该进行变革。一方面，要对传统以资源、竞争和顾客为本的战略思维进行升级拓展；另一方面，要发展形成全新的大数据思维。

企业的战略思维涉及企业管理的最高层次，关乎企业的生存与发展前景。当代企业决策者要想获得商业成功，要筑百年基业，就要具备大数据时代的战略思维。许多成功企业的经验证明，正是因为企业领导层具有大数据时代的战略思维，引领企业开创了新的商业模式、新的价值创造方式，更好地为顾客、社会创造了价值，才最终成就了企业的爆发式增长。因此，升级传统战略思维，构建大数据战略思维，开展体现大数据时代思维特征的战略管理，是企业可持续发展的重要条件。

四、大数据时代企业战略管理创新途径

新时期，从战略角度有效应对大数据带来的机遇和挑战，企业应做到以下几个方面。

（一）树立大数据意识，建立有效的信息平台

现代社会是信息爆炸的社会，企业是否能够树立有效大数据意识，是否能够合理有效地收集数据并进行分析处理，对于企业来说是一项非常巨大的工程。因此，建立有效的信息平台，为专业数据信息分析提供规模性的专业信息服务保障，才能为提高企业服务水平、优化企业战略管理奠定基础。

（二）重视大数据技术，推进技术革新与改造

重视新技术的推广与应用，是大数据开发的基础和源泉。但复杂的大数据并不一定会为企业创造可观的价值，关键还要看数据分析与应用的效果，特别是大数据时代已经打破了行业之间壁垒。因此，如何利用大数据技术充分发挥其效用，并加快技术更新和应用的步伐，形成真正的规模化数据是当前推进大数据时代发展应用中企业亟须面对与解决的问题。

（三）调整组织结构，搭建组织信息平台

在大数据时代下，企业获得及时有效的数据信息，不仅需要搭建企业自身的云计算下的大数据平台，还需要组织上下员工共同参与到这个过程中来。同时，为了适应分散决策的要求，必须调整组织结构，将高耸型组织调整为扁平化的组织结构，调动一线员工工作的积极性与主动性，缓解高层的决策压力。

（四）加强人才培养，制定大数据人才培养战略

企业战略管理需要大量掌握大数据挖掘和数据分析的人才，这不仅需要具备扎实的数学基础知识、数据库知识、统计原理等，还要具有大数据思维意识，能够利用数据分析结构对企业发展、市场前景、竞争趋势进行有效预测，为企业决策提供数据分析支持。因此，这类人才不仅需要大规模的填补，更需要企业制定大数据人才培养战略，进行人才的储备、培养与激励，为企业大数据战略转型提供人才支撑。

第三节　大数据时代战略管理研究

2011 年，麦肯锡发布了一份名为《大数据下一个创新、竞争和生产率的前沿》的报告，报告认为数据已经渗透到了每个行业和业务职能领域，逐渐成为重要的生产要素；2012 年，瑞士达沃斯世界经济论坛上宣称，数据已经成为一种新的经济资产。同年，奥巴马宣布美国政府投资亿美元启动“大数据研究和发展计划”；而在我国，自 2013 年出现将大数据上升为国家战略的两会提案以来，相关国家文件不断印发，代表性文件如《促进大数据发展行动纲要》（2015）和《大数据产业发展规划（2016—2020 年）》（2017），极有利地推动了大数据在我国的发展。种种迹象表明世界已经步入“大数据时代”，数据将成为一种至关重要的战略资源。

大数据是一股新的技术浪潮，它标志着人类社会从信息时代向智能时代的快速迈进，

"新科技""高智能""大利润"快发展"将成为大数据时代的发展特色。面对大数据时代，企业需要深刻考量产业发展特征，发现产业在新一轮现代科技革命中面临的短板，加强战略管理，实现新的战略转型，适应新时代的发展要求。以下将以文化产业为例，从战略角度探讨文化产业的管理变革，为我国文化产业及相关企业的发展提供借鉴。

一、大数据时代文化产业发展环境分析

进入大数据时代，各行业都会面临高度复杂的环境变化带来的巨大机遇与挑战，企业必须每天都在它的环境中经受新的考验。文化产业企业要想长期发展，就必须先了解外部环境以理解现状并预见未来，正确而清晰的环境认识是企业战略管理的必备前提和基础。

（一）政策环境

在世界全面发展层面上，文化产业已经成为解决全球经济和社会发展等问题的工具和手段，英国提出发展并实施"创意产业战略"，新加坡提出"文艺复兴新加坡战略"，日本和韩国提出"文化立国战略"，欧盟发布"欧盟文化战略"等。

诸多政策可以表明，国家和社会需要并重视文化产业的发展，政策环境对文化产业的发展非常重要。同时，各文件内容也表明，发挥文化和科技的相互促进作用，实施科技带动发展战略，是未来文化产业发展的主流方向。而新技术、高科技正是大数据时代的特点，大数据时代的到来将激活文化产品和文化服务的供给和需求市场，我国文化产业也将因此迎来发展的春天。

（二）经济环境

近年来，经济大发展推动了国内文化产业的快速扩张，文化产业各细分行业保持稳步增长态势。在整个文化产业市场占较大份额的旅游、教育培训和体育产业增长平稳；新兴的游戏、手机、网络等"互动类"产业发展活跃；出版、影视、演出、动漫等"内容类"产业有较快的增长。国内整体经济状况将直接影响文化产业的发展势头，未来促进经济增长重要因素大数据，也将带动文化产业的发展。

当下，数据已经渗透到每一个行业和业务职能领域，逐渐成为重要的生产因素，而人们对于海量数据的运用将预示着新一波生产率增长和消费者盈余浪潮的到来。数据正成为巨大的经济资产，成为新世纪的矿产与石油，将带来全新的创业方向、商业模式和投资机会。大数据将在推动我国经济转型方面发挥着巨大作用。维克托·迈尔舍恩伯格教授认为，大数据的真实价值就像漂浮在海洋中的冰山，第一眼只能看到冰山的一角，绝大部分都隐藏在表面之下。日本野村综合研究所高级研究员城田真琴指出，要对未来进行预测，从庞大的数据中发现有价值的规则和模式，对数据的挖掘是一种非常有用的手段。

利用大数据，对企业的分析会更加深入和准确，使得各行业企业对公司的发展和业务的把握更具能动性，这将会在很大程度上带动企业盈利和经济的快速增长。对于文化行业

而言，大数据时代的到来将促进其实现腾飞式的发展。

（三）技术环境

近年来，智能商务、云计算、物联网、虚拟现实、人机交互、3D 打印等新技术风驰电掣般进入了我们的生活，软件开源、数据开放、普式计算、软件即服务、智慧地球等新的思想令人应接不暇。大数据、新科技正极大地改变着我们对既有“文化”的理解。文化与科技融合在很大程度上是科技向文化领域的选择性切入：科技创生着文化新业态，科技力量在寻求“商业模式”之时也带来了全新的文化体验，并改变着既有的文化景观。动漫渲染、裸眼 3D 等虚拟技术”的迅速发展，正改变并丰富着人们感受世界的方式；海量数据、“秒杀”传输的“速算中心”的大力构建，正改变人们获取知识的方式。

新技术、新媒体的持续涌现和渗透，使得当下的文化产业处于一个新业态和旧业态不断更替和整合的阶段。数字技术带来的变革，使得跨界与融合成了文化产业发展的关键词。“速算中心”已经从海量数据存储走向让数据说话”的时代，当下文化产业面对最大问题，无疑是从信息时代向大数据时代的迈进。

大数据会从思维、商业、管理 3 个维度给人类带来变革和挑战，企业要想经受住这些挑战的冲击并把它作为驱动力来推动发展，管理体系、组织结构和战略的深刻改变的重要性就如同思维的根本转变一样不言而喻。

二、文化产业战略管理现状分析

“运筹帷幄，决胜千里”，战略问题是关系到企业或组织机构发展前景的全局性、根本性问题，文化产业的战略管理，同样是企业发展的关键。尽管我国已经出台了一系列政策，各级政府也通过加强规划指导、提供政策优惠、优化管理协调等手段大力支持文化产业发展，我国文化产业也因此得到了较大的发展和改观；但是大多数文化产业企业还面临着众多的问题。大数据、新技术使得整个文化产业处于新旧模式交融、更替的状况，同时也必然会带来更多的潜在市场。企业要想在新时代的浪潮中得以生存、发展和壮大就必须充分认识自身发展现状，分析现有战略管理模式的不足之处，找出阻碍自身发展的关键问题，才有可能探索出未来的发展之路。

传统的文化企业受过去文化市场长期计划体制的影响，使得产品同质化严重。由于过去我国文化产业缺乏竞争意识和市场意识，缺乏开拓创新精神和动力，传统的文化企业为了将风险降低到最小，产品往往高度同质化，主题和创意都十分类似，甚至策略与渠道也基本一致。随着国家对文化产业的支持，从事文化产业企业的数量将会日益增多，高科技新产品对既有产品的冲击力非常大，业内竞争力度也会越来越大。依然维持既有管理模式的传统文化企业将面临着严重的威胁。

传统文化产业在经管理方面的研究不足，缺乏战略管理意识。这就在一定程度上降低了企业科学运作的效率，影响了资源合理有效地配置，导致效率低下。

创新力度不足，创新战略管理亟待优化和加强。随着我国文化产业市场竞争的加剧，文化创新的难度也在不断提高。创新为文化产业带来先驱者利益的同时也使文化产业面临市场培育、新产品推广等众多问题，这一压力带来的风险使得大多文化企业选择规避这个压力，即规避创新，进而使得我国文化产业的创新能力严重不足。

尽管既有管理方法与模式形成的投资、数据和价值观在短期内不可能被新技术全部抹杀，而是融合、整合到新的业务中去；但企业要想在更高层次上得以发展，就必须重新审视局势，及时调整和加强战略管理，着眼长远、谋略全局，才能建立持续竞争优势，赢得大数据时代企业发展的主动权。

三、加强战略管理赢得企业持续竞争优势

加强战略管理的基本目标是获得竞争优势以及赚取超额利润，适当的战略将使公司的愿景和使命以及实现愿景和使命的行动更加合理化。面对我国传统文化产业战略管理存在的问题和不足，本节将从管理者、公司和业务 3 个层面对如何优化和加强战略管理的问题进行探讨，以帮助文化产业企业在大数据时代未雨绸缪，抓住机遇迎接挑战，使企业立于不败之地。

（一）管理者层面：基于大数据时代的战略管理理论要求

管理层的知识水平和认知高度直接决定企业的兴衰和发展，文化产业企业要想实现战略转型，首先要从普及和强化管理层的战略管理理论入手，如图 2–1 所示。

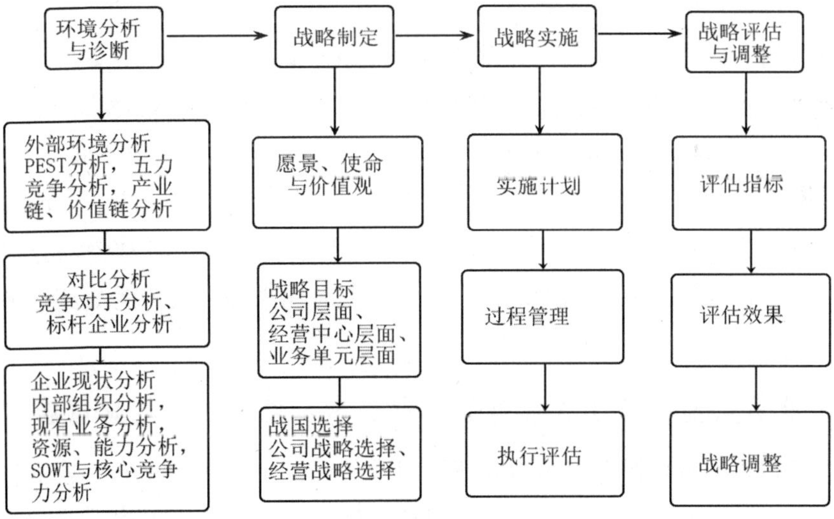

图 2–1　战略管理流程

环境分析对战略管理来说是基础环节也是支持环节。这一部分不仅要对行业外部环境进行分析，还要详细分析自身企业、竞争对手以及标杆企业的相关情况，通过对比分析找

出企业的核心竞争力所在。战略制定是战略管理的核心环节，愿景、使命和价值观是企业发展的魂，战略目标则需要从公司、经营中心和业务 3 个层面指出各自的发展方向，以此结合自身发展现状来选择不同层面的发展战略。在战略实施的过程中不仅需要管理层指定实施计划，还需要进行过程监督和管理以保证战略执行的高效性，最后通过战略评估和调整来保证战略的有效性和适应性。

步入大数据时代，文化产业企业的管理层要调整管理思维模式，通过不断学习和创新来规避过去在战略管理上的不足，以适应新时代的要求。

（二）公司层面：基于大数据的战略合作

大数据是影响未来战略发展的主要因素，谁掌握了大数据，谁就成为未来发展的规则制定者和规则改变者。大数据的影响力将渗透到各行各业，文化产业企业的振兴更离不开大数据的支撑。在大数据时代，数据就是直接的财富，就是核心的竞争力，很多行业，都要相继跨入一个“数据兴则企业兴、数据强则企业强”的竞争时代。文化产业企业须将数据的竞争上升到公司战略合作的高度，才能赢得竞争优势。

大数据是一个复杂的命题，海量数据的收集、使用和开放等，都是大数据时代企业需要面对的挑战，但是对于文化产业企业自身来讲，企业的管理层和员工大多都不是数据收集和分析的专业人士，从事文化产业的企业需要与咨询公司和 IT 公司一起深入地了解大数据时代的产业市场，洞察潜在的业务机会，创造新的商业模式，通过一个全面的端到端的大数据战略方案来获取企业竞争力。

以雅昌为例。雅昌与中国优秀的设备、软件和咨询企业建立了良好的合作关系，将战略咨询、全面的业务解决方案、大数据分析服务平台、海量数据处理平台等纳入大数据战略体系；在文化艺术的普及和教育领域，推出包括流动美术馆、数字展览、数字博物馆、艺术讲座、数字出版、艺术教育平台、3D 展览在内的多种服务。从一个传统印刷企业转型为以视觉文化为发展方向的新型文化企业，雅昌集团通过与 IT 和咨询公司的合作实现了传统与现代、数据与艺术的完美结合，在大数据时代来临之时，为集团业务拓展开辟了新的道路。

（三）业务层面：基于大数据的“低成本、差异化”运营战略

业务层战略的目的是要在公司与其竞争对手的定位之间形成差异。战略与业务活动的匹配不仅对竞争优势来说是非常基础的，对这一优势的持续性来说也是非常关键的。基于业务活动系统的定位比基于独立业务活动的定位更具持续性。在选择业务层战略时，企业应当评价两种潜在的竞争优势：比竞争对手更低的成本或差异化；有能力以较高的价格收取超过为产生差异化所付出的额外成本，如图 2–2 所示。

要实现“低成本”的运营战略，企业必须广泛推行以事实为基础的决策方法，大量使

用数据分析来优化企业的各个运营环节，通过基于数据的优化和对接，把业务流程和决策过程当中存在的每一分潜在的价值都“挤”出来，从而节约成本、战胜对手、在市场上幸存。美国战略变革领域著名教授达文波特认为，能够始终保持以“数据最优”的原则来运营的公司将能够在竞争中坚持到最后，并不战而胜。

大数据时代也是一个着重“差异化”的时代，文化产业企业要想通过“差异化”战略来获取竞争优势，就必须学会选择，无论是产品还是服务，都要做到有所为与有所不为。通过数据，系统地了解竞争对手、了解既有市场和客户需求，不断地投资和开发顾客认为是重要的产品或服务的差异化特征，同时避开行业锋芒，使企业的产品或服务与竞争对手之间的相似性越小，企业受竞争对手的影响也越小。

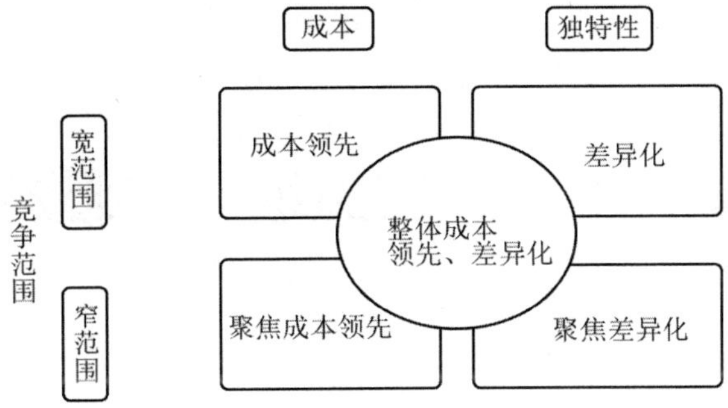

图 2-2　五种业务层战略

和互联网时代相比，大数据时代不仅意味着更广泛、更深层的开放和共享，还意味着更精准、更高效、更智能的管理革命。企业只有紧跟时代变化的节奏，重视并不断加强战略管理，才能在大数据和新技术革命初见端倪之时抢抓机遇，赢得企业持续竞争优势，并不断发展壮大。

第三章　企业人力资源管理创新与实践

第一节　人力资源管理概述

一、人力资源管理的定义

人力资源管理就是指对人力资源进行有效开发、合理配置、充分利用和科学管理的制度、法令、程序和方法的总和。它贯穿于人力资源的整个运动过程，包括对人力资源的预测与规划，工作分析与设计，人力资源的维护与成本核算，人员的甄选录用、合理配置和使用，还包括对人员的智力开发，教育培训，调动人的工作积极性、提高人的科学文化素质和思想道德觉悟，等等。

二、人力资源的特点

（一）人力资源的生物性

人首先是一种生物。人力资源存在于人体之中，是有生命的“活”资源，与人的自然生理特征相联系。人的最基本的生理需要带有某些生物性的特征。在管理中，首先要了解人的自然属性，根据人的自然属性与生理特征进行符合人性的管理。人力资源属于人类自身所特有，因此具有不可剥夺性。这是人力资源最根本的特性。

（二）人力资源的时限性

时限性是指人力资源的形成与作用效率要受其生命周期的限制。作为生物有机体的个人，其生命是有周期的，每个人都要经历幼年期、少年期、青年期、中年期和老年期。其中具有劳动能力的时间是生命周期中的一部分，其各个时期资源的可利用程度也不相同。因此，人力资源的开发与管理必须尊重人力资源的时限性特点，做到适时开发、及时利用、讲究时效，最大限度地保证人力资源的产出，延长其发挥作用的时间。

（三）人力资源的再生性

人力资源也具有再生性，它基于人口的再生产和劳动力的再生产，通过人口总体内个体的不断更替和“劳动力耗费——劳动力生产劳动力再次耗费劳动力再次生产”的过程得以实现。从这个意义上来说，人力资源要实现自我补偿、自我更新、持续开发，这就要求人力资源的开发与管理，注重终身教育，加强后期的培训与开发。

（四）人力资源在使用过程中的磨损性

人力资源在使用过程中会出现有形磨损和无形磨损，劳动者自身的疾病和衰老是有形磨损，劳动者知识和技能的老化是无形磨损。

（五）人力资源的社会性

人处在一定的社会之中，人力资源的形成、配置、利用、开发是通过社会分工来完成的，是以社会的存在为前提条件的。人力资源的社会性，主要表现为人与人之间的交往及由此产生的千丝万缕的联系。

（六）人力资源的能动性

能动性是人力资源区别于其他资源的本质所在。其他资源在被开发的过程中，完全处于被动的地位；人力资源则不同，它在被开发的过程中，有思维与情感，能对自身行为作出抉择，能够主动学习与自主地选择职业，更为重要的是人力资源能够发挥主观能动性，有目的、有意识地利用其他资源进行生产，推动社会和经济的发展。

（七）人力资源具有生产者和消费者的角色两重性

人力资源既是投资的结果，又是创造财富的体现；或者说，它既是生产者，又是消费者，具有角色两重性。人力资源的投资来源于个人和社会两个方面，包括教育培训、卫生健康等。人力资源质量的高低，完全取决于投资的程度。人力资源投资是一种消费行为，并且这种消费行为是一种必需的、先于人力资本的收益。

（八）人力资源的增值性

人力资源不仅具有再生性的特点，而且其再生过程也是一种增值的过程。人力资源在开发和使用过程中，一方面可以创造财富；另一方面通过知识经验的积累、更新，提升自身的价值，从而使组织价值增值。

三、人力资源管理对企业发展的重要意义

现代人力资源管理对企业的意义，主要有以下几方面。

（一）有利于促进生产经营的顺利进行

企业拥有三大资源，即人力资源、物质资源和财力资源，而物质资源和财力资源的利用是通过和人力资源的结合实现的，只有通过合理化组织劳动力，不断协调劳动力之间、劳动力和劳动资料、劳动对象之间的关系，才能充分利用现有的生产资料和劳动力资源，使它们在生产经营过程中最大限度地发挥其功能，形成最优的配置，从而保证生产经营活动有条不紊地进行。

（二）有利于调动企业员工的积极性，提高劳动生产率

企业中的员工，他们有思想、有感情、有尊严，这就决定了企业人力资源管理必须设法为劳动者创造一个适合他们需要的劳动环境，使他们乐于工作，并能积极主动地把个人劳动潜力和聪明才智发挥出来，为企业创造出更有效的生产经营成果。因此，企业必须善于处理好物质奖励、行为激励以及思想教育工作三方面的关系，使企业员工始终保持旺盛的工作热情，充分发挥自己的专长，努力学习技术和钻研业务，不断改进工作，从而达到提高劳动生产率的目的。

（三）有利于减少劳动耗费，提高经济效益并使企业的资产保值

经济效益是指在经济活动中所获得的和所耗费的差额。减少劳动耗费的过程，就是提高经济效益的过程。所以，合理组织劳动力，科学配置人力资源，可以促使企业以最小的劳动消耗取得最大的经济成果。在市场经济条件下，企业的资产要保值增值，争取企业利润最大化，价值最大化，就需要加强人力资源管理。

（四）有利于现代企业制度的建立

科学的企业管理制度是现代企业制度的重要内容，而人力资源的管理又是企业管理中最为重要的组成部分。一个企业只有拥有第一流的人才，才能充分而有效地把握和应用第一流现代化技术，创造出第一流的产品。不具备优秀的管理者和劳动者，企业的先进设备和技术只会付诸东流。提高企业现代化管理水平，最重要的是提高企业员工的素质。可见，注重和加强对企业人力资源的开发和利用，搞好员工培训教育工作，是实现企业管理由传统管理向科学管理和现代管理转变中不可缺少的一个环节。

（五）有利于建立和加强企业文化建设

企业文化是企业发展的凝聚剂和催化剂，对员工具有导向、凝聚和激励功能。优秀的

企业文化可以增进企业员工的团结和友爱，减少教育和培训经费，降低管理成本和运营风险，并最终使企业获取巨额利润。

四、人力资源管理的十大经典理论

（一）需求层次论

该理论将人的需求从低到高分为生理、安全、归属、自尊、自我实现五种类型，等级越低者越容易获得满足，等级越高者则获得满足的比例较小。这就促进了企业管理理论的进一步深化，迫使管理者在实际管理过程中，必须考虑如何更好地从心理上去满足员工的高层次需要，从文化上对员工加以调控和引导，帮助他们实现各自的愿望，使他们不仅感到自己是一个被管理者，同时也能够在安全感、感情归属、自尊、自我实现等方面，都能拥有很大的发展空间。

（二）期望理论

该理论的基本关系式是：激发力量（F）效价（V）× 期望值（E）。激发力量（F）是指动机的强度，即调动一个人的积极性，激发其内在的潜力的强度，它表明人们为达到设置的目标而努力的程度。效价（V）是指目标对于满足人们需要的价值，即一个人对某种结果偏爱的强度，期望值（E）是指采取某种行为可能导致的绩效和满足需要的概率，即采取的某种行为对实现目标可能性的大小。

（三）双因素理论

该理论认为，影响人的工作态度的因素有两种，一是保健因素；二是激励因素。其理论根据是：第一，不是所有的需要得到满足就能激励起人们的积极性，只有那些被称为激励因素的需要得到满足才能调动人们的积极性；第二，不具备保健因素时将引起强烈的不满，但具备时并不一定会调动强烈的积极性；第三，激励因素是以工作为核心的，主要是在职工进行工作时发生的。

（四）公平理论

该理论认为，一个人对他所得的报酬是否满意，不是只看其绝对值，而是进行社会比较或历史比较，看其相对值。换言之，把个人的报酬与贡献的比率同他人的这个比率作比较，若比率相等，则认为公平合理而感到满意，从而心情舒畅，情绪高昂；若个人的比率小于他人的比率，就会感到不公平，从而情绪低落，怨气横生。这种比较，还包括与本人历史上的比率做比较。

（五）人际关系理论

该理论提出了与传统管理不同的 4 种观点：

第一，传统管理都是以事为中心，该理论“以人为中心，在鼓励人的积极性上下功夫”。

第二，传统管理把人假设为“经济人”，认为金钱是刺激积极性的唯一动力，“人际关系理论”，认为人是“社会人”，除了物质金钱的需要以外，还有社会和心理学等方面的需要。

第三，传统管理认为生产率单纯地受工作方法和工作条件的制约，“人际关系理论”则证明，生产率的上升和下降，很大程度上取决于职工的态度，即“士气”。

第四，传统管理只注意“组织”对职工积极性的影响，“人际关系理论”认为，非组织因素也会影响职工的情感和积极性。

（六）挫折理论

该理论包括两个方面：一是阻碍个体动机性活动的情况；二是个体遭受阻碍后所引起的心理状态。就是说，当个体从事有目标的活动时，在环境中遇到阻碍或干扰，致使其动机不能获得满足时而达到的情绪状态。形成挫折的原因有自然的和社会的，前者如生老病死，天灾人祸等，后者如政治、经济、宗教、工作家庭及风俗习惯等。

（七）权变理论

该理论认为，参加组织的人是各不相同的。不同的人有不同的需要，不同的胜任感，管理者要让不同的人实现各自的胜任感，组织形式和领导方式应同管理对象相结合，这样才能提高工作效率。管理应进行多变量的分析，要根据工作性质、工作目标、职工素质等方面的不同情况去考虑问题，而不应采取千篇一律的方式。个人的胜任感是可变的，当一个目标达到以后，应继续激发职工的胜任感，使之为达到新的、更高的目标而努力。

（八）影响决定论

该理论认为，管理者的作用是通过影响来实现的，有影响力的管理者才是一个单位的真正领导者。所谓影响力的大小是就对于双边影响之差异而言的：以个人来说，如果影响是顺差，即存在影响的净流出，他在群体中就充当着领导者；如果影响是逆差，他就只能成为被领导者或是一个不称职的领导者。

（九）双因模式论

该理论认为，管理者成功的最重要的因素有两个，一是以工作为中心的主动结构；二是以人际关系为中心的体贴。前一种因素指管理者划定其与工作群体的关系，建立定义清楚的组织模式，以及意见交流方式和工作程序；后一种因素指存在于领导者与下层之间的友谊，互相依赖和互相体帖的关系。二者各有长短，它们不是排斥的，而是可以结合统一起来的。

（十）强化理论

强化、改造、操作和学习是构成该理论的主要环节。所谓强化，是指通过刺激使某种行为加强或抑制。所谓改造，是说人的行为是可以改造的，通过一定的手段，使行为中的某些因素加强，某些因素削弱，于是人的行为也就得到了改造。所谓操作，是指对正负强化都不起作用的一类行为的控制引导。所谓学习，就是对可控行为的改造，即通过强化实践，使人的行为方式得到某种永久性的改变。

五、人力资源管理理论的五次创新

自亚当·斯密 1776 年出版《国富论》以后的 200 多年时间里，人力资源管理的理论思想经历了五次大的飞跃和创新。它们分别是：亚当·斯密的劳动力理论、彼得·德鲁克的人力资源理论、西奥多·舒尔茨的人力资本理论、戴维·尤里奇的人力资源管理角色理论以及爱德华·劳勒的人力资源产品线理论。从人力资源理论和实践的历史发展来看，不仅这 5 次理论创新之间存在着重要的继承和发展关系，而且人力资源理论的发展永远是与实践紧密相关的。伴随着人力资源部门的角色和作用在实践中所发生的重大变化，人力资源管理理论也得以不断地创新和发展。更加重要的是，整个 20 世纪人力资源管理实践就是在不断创新的理论指导下得以飞速发展的。

（一）亚当·斯密关于“劳动力”的思想

亚当·斯密（Adam Smith）（1723—1790 年）是经济学的主要创立者，也是第一个系统提出劳动分工理论和劳动价值论的经济学家。在 1776 年的《国民财富的性质和原因的研究》（简称《国富论》）中，斯密全面论述了劳动价值论及相应的劳动分工理论，为马克思的鸿篇巨制《资本论》奠定了重要的劳动价值论基础。亚当·斯密关于“劳动力”的思想主要体现在两个方面：一是资源禀赋与劳动分工理论；二是揭示了人类劳动是一切价值的起源。

亚当·斯密在《国富论》中指出：“一国国民每年的劳动，本来就是供给这个国家每年消费的一切生活必需品和便利品的源泉。构成这种必需品和便利品的，或是本国劳动的直接产物，或是用这类产物从外国购进来的物品。”关于劳动如何增进一国国民财富，斯密论述了劳动分工、节约劳动与积累资本、增进财富的辩证关系：“增加国民土地劳动年产物的方法有二，一是增加生产工人的数目；二是增加受雇工人的生产力。”其中，为了提高工人的劳动生产力，首先需要加强劳动分工。

“劳动生产力上最大的增进，以及运用劳动时所表现的更大的熟练、技巧和判断力，似乎都是分工的结果。”亚当·斯密以著名的制针工场为例，列举了分工提高劳动生产力的原因：分工提高了每个特定工人的熟练程度；分工可以节约由一个工种转到另一个工种所花费的时间；分工简化了劳动和缩减劳动时间，机械的发明使一个人能够做许多人的工作。这三点表明，分工可以提高劳动生产率，继而通过生产力的提高来促进经济增长。

在上述分工与交换相互促进的基础上，亚当·斯密论证了劳动价值理论。他指出："分工一经完全确立，一个人自己劳动的生产物，便只能满足自己欲望的极小部分。他的大部分欲望，须用自己消费不了的剩余劳动生产物，交换自己所需要的别人劳动生产物的剩余部分来满足。于是，一切人都要依赖交换而生活，或者说，在一定程度上，一切人都成为商人，而社会本身，严格地说，也成为商业社会。"在这里，亚当·斯密论述了在商业社会里，人们生产的大部分产品都不是为了自己人使用，而是为了交换，这样产品就具有商品的价值。每个人手中的商品之所以能够交换是因为它们具有共同的交换价值，这一交换价值就是凝固在商品中的人类抽象劳动。在亚当·斯密看来，只有人类劳动才是商品价值的唯一源泉。亚当·斯密关于"劳动力"的思想是人力资源理论的渊源，他不仅揭示了人类劳动是一切商品价值的源泉，更详细论证了劳动分工对提高生产力的巨大贡献。正是在劳动分工理论的指导下，产生了企业的岗位分工和部门分工，而这一切都是人力资源理论的基础。但是，亚当·斯密劳动力理论中有两个隐含的假设，一是劳动力的工具性假设。劳动力是机器生产系统的一部分。劳动力是为机器运行而配置的，随着生产力的提高，劳动者可由机器来代替。二是劳动力的同质性。劳动力不仅可由机器所替代，而且劳动力之间相互可以替代。但它从本质上忽略了劳动力个体之间的差异，这也是劳动力理论的两个重大局限。

（二）德鲁克"人力资源"概念的提出

彼得·德鲁克（Peter F.Drucker）（1909—2005 年）对管理学的发展具有卓越贡献及深远影响，他曾发表过建立于广泛实践研究基础之上的 30 余部著作，奠定了现代管理学开创者的地位，被誉为"现代管理学之父"。彼得·德鲁克在其 1954 年出版的《管理的实践》一书中提出了"人力资源"的概念。《管理的实践》被后人誉为现代管理学的开山之作，在这部著作里，德鲁克提出了管理的 3 个更广泛的职能：管理企业、管理经理人员、管理员工及其工作。在讨论管理员工及其工作时，德鲁克引入了"人力资源"这一概念。他指出："和其他所有资源相比较而言，唯一的区别就是它是人。"德鲁克认为人力资源拥有当前其他资源所没有的素质，即"协调能力、融合能力、判断力和想象力"。

德鲁克在《管理的实践》中批判了传统人事管理的弊端："人事管理构思下的员工及工作管理，包含了一部分档案管理员的工作，一部分管家的工作，一部分社会工作者的工作，还有一部分'救火员'的工作（防止或解决劳资纠纷）。"德鲁克分析了传统人事管理中的 3 个重大误解。首先，假定员工不想工作。按照麦格雷戈的"X 理论"以及传统的经济人假设，工作是员工为了获得其个体满足而不得不忍受的惩罚。其次，人事管理的传统观念认为管理员工及其工作是人力资源专家的工作，而不是管理者的职责。人力资源部门虽然已经注意到应该传授一线经理管理员工技能，但仍然把大部分预算、人力和精力花费在人力资源部门自身的构思、拟定和实施的计划中去，这是人力资源工作者工作定位的错误。最后，人事管理始终聚焦在“事”而不是“人”身上。由此，彼得·德鲁克阐述了传统人事管理理论和实践与后工业化时代中员工管理的不相适应，提出人事管理应该向人力资源管理转变。这种转变正如德鲁克在其著作中所说：“传统的人事管理正在成为过去，一场新的以人力资源开发为主调的人事革命正在到来。”根据德鲁克的观点，人力资源管理对企业管理至关重要，企业应该通过使人力资源更有活力来执行工作并取得成绩。因此，管理者应该根据企业自身人力资源的条件来重新设计工作，并不断丰富岗位的工作内容。要想鼓励职工取得成就就必须把员工视为具有自身生理和心理特点、不同能力以及不同行动模式的综合有机体。管理的任务就是从不同的角度去设法满足职工对责任、参与、激励、报酬及地位等多方面的要求。

“人力资源”概念的提出，克服了“劳动力”概念的两个重大局限。“人力资源”理论认为，员工不是工具，而是人，而且是具有自身生理和心理特点、不同能力和行为模式的人。要将员工当成人而不是物来对待。在设计工作时，要注重员工的生理、心理特点，要注重人与人之间能力与行为模式的不同；在管理员工时，不仅要考虑其经济利益的需求，而且要考虑其精神、心理方面的多重需求。相比劳动力理论将劳动力工具化、同质化，人力资源理论则将人力资源人格化、异质化，所以说，“人力资源”概念的提出具有重大的历史意义。

（三）舒尔茨的“人力资本”概念以及人力资本理论

西奥多·舒尔茨（Theodore W.Schultz）（1902—1998 年）从 20 世纪 50 年代开始人力资本理论的研究，在 1960 年提出了人力资本投资理论，被世人称为“人力资本理论之父”。在 20 世纪 50 年代末至 20 世纪 90 年代初，他发表的多篇重要文章成为现代人力资本投资理论的奠基之作。这些文章包括《由教育形成的资本》（1960）、《人力资本投资》（1961）、《教育的经济价值》（1963）、《人力资本投资》（1971）、《对人投资人口质量经济学》（1981）以及《恢复经济均衡经济现代化中的人力资本》（1990）。1960 年，他以美国经济学会会长的身份在年会上发表《人力资本投资》的主题演讲，在学术界引起轰动。

西奥多·舒尔茨发现，用传统的生产函数没有办法解释第二次世界大战以后美国经济增长的奇迹，他提出了“经济增长之谜”，并通过探讨教育对经济增长的贡献逐步踏上了研究人力资本的道路。他提出，仅仅从自然资源和其他物质资本的角度来研究经济增长，并不能完全解释当时生产力提高的原因。第二次世界大战以来的统计数据表明，国民收入的增长一直比物质资本投入的增长快得多，而一些在第二次世界大战中受到重创的国家，如德国和日本同样能在经济起飞方面取得很大成功。舒尔茨认为，这些现象说明，除土地和资本外还存在另一个重要的生产要素，即人力资本。人力资本主要指凝集在劳动者本身的知识、技能及其所表现出来的劳动能力。舒尔茨进一步指出，人力资本是社会进步的决定性因素。但人力的取得不是无代价的，人力资本是投资的产物。舒尔茨经过深入的研究后指出，传统的资本概念不仅不完整，而且没有正视资本所固有的“异质性”问题。因此，舒尔茨建议：“在对提供未来服务的资本分类时，最好是从两分法（即人力资本和非人力资本）入手。这两类资本都不是同质性的；实际上两者都由多种不同的资本形态构成，因而都是非常异质性的。不过，人力资本和非人力资本之间的差别是客观存在的，这正是进行分析的基础。”舒尔茨的人力资本理论与德鲁克的人力资源理论都强调人的异质性，这是二者概念上的最大共同点。其区别是，人力资源理论主要基于人力资源的异质性强调人力资源使用和激励上的差异性，而人力资本理论的关注点更多地从使用转移到投入方面，强调教育和培训的重要性。特别要指出的是，舒尔茨虽然是一位经济学家，他是从探讨经济增长的角度提出的人力资本理论，他本人也不研究工商企业的人事管理，但是在人力资源理论的发展史上却做了不可磨灭的重大贡献。人力资本理论不仅丰富和充实了教育经济学，而且很好地指导了人力资源管理实践，它启示人力资源管理部门要重视对企业员工培的训与开发，重视人力的资本属性，并在激励体系上将一般人力资源与特殊人力资本区别开来。

（四）尤里奇的“人力资源管理角色及商业价值”思想

戴维·尤里奇（Dave Ulrich）（1953—）是美国密歇根大学罗斯商学院教授、人力资源领域的管理大师，被誉为“现代人力资源管理的开拓者”。尤里奇教授对人力资源管理理论发展的主要贡献包括现代人力资源管理者角色的分析以及对人力资源管理价值新主张的提出。

戴维·尤里奇指出，21世纪的企业人力资源管理将会发生两个重要的变化，一是从主要管理事务到主要管理员工，“人”“事”兼管；二是从主要管理日常工作到主要管理人力资源战略，“人事战略”与“日常流程”兼管。

尤里奇在《人力资源教程》一书中论述了人力资源专业人员所扮演的4种角色。

1. 战略伙伴角色

人力资源部门必须能够将人力资源战略与企业经营战略结合起来，充当企业长期发展的战略伙伴，从而将人力资源的战略和行为同企业经营战略结合起来，提高组织实施战略的能力，从而促进企业战略的成功实现。

2. 行政专家角色

人力资源部门要将传统的人事管理工作做到专家级的水平，它要求人力资源管理者设计提供有效的人力资源管理流程、工具和解决方案来管理招聘、培训、考核、奖励、晋升等事项，充当业务部门的人事专家顾问，从而提高行政工作效率。

3. 组织变革者

因为组织变革涉及员工的根本利益，所以人力资源部门必须从幕后走到台前，成为组织变革的推动者而不仅仅是监督者，人力资源管理者作为推动组织变革的推动者，包括帮助人们转变思维观念、打破利益关系、改变行为习惯等职责，通过这一角色，人力资源管理者能够提高组织适应变化的能力。

4. 员工领导者

人力资源部门必须专注员工需求，提供员工所需的资源和服务，为员工提供支持。它意味着人力资源管理者把更多的精力投入员工日常的问题、关注点和需求上。要做好员工的领导，不但要发挥传统的领导职能（包括计划、组织、决策、配置资源、激励等），还要对员工进行职业规划、职业指导和压力解决等，从而提高员工的能力和参与程度。

尤里奇还特别强调人力资源管理必须为企业创造真正的商业价值，人力资源管理活动必须创造投资者、顾客、直线经理以及员工都认同的价值他指出，在未来有竞争力的组织中，要满足组织不断增长的期望，人力资源管理者必须更多地关注工作的有效产出，而不是仅仅致力于所从事的工作或行为。尤里奇在2008年的著作《人力资源价值新主张》一书中详细阐述了人力资源专业人员和职能部门应当如何做才能持续创造价值的具体方法。人力资源管理者要由企业高层管理人员的合作者变为企业整体管理的主导者，意味着人力资源管理工作范围的扩大，人力资源专业人员要学习如何培训、设计、建立、配置、引导企业管理者，甚至成为组织的道德代表，提醒和监控公司道德伦理方面的问题。人力资源的工作应该从企业的业务活动开始而非简单的人力资源职能工作；人力资源管理者要真正成为企业竞争优势的来源；人力资源管理人员应该看到企业的利益相关者包括内部的管理人员和员工以及外部的顾客和投资者，并将以此设计和组织人力资源实践活动，符合利益相关者的要求；人力资源管理者应该关注外部顾客，通过人力资源管理活动提高企业的服务质量，在建立雇佣—客户关系方面做出努力。尤里奇还通过大量的调查研究，进行了人力资源专业人员的胜任力研究，说明为了完成这些职能人力资源专业人员必须具备的相关个人知识、技能和胜任力，能够从自己独特的专业视角观察公司的关键利益相关者。

尤里奇教授的人力资源角色及商业价值理论，其主要贡献是将人力资源管理真正提升到战略管理的高度，延伸出人力资源管理者在现代企业管理当中所扮演的多重角色以及在商业价值创造过程中发挥的重大作用，并从实践角度给出了人力资源管理者履行自己新职责的路径和方法。如果说，德鲁克提出的是一套人力资源思想，舒尔茨提出的是人力资本理论，那么，尤里奇更多地是从理论与实践相结合的层面构建了更全面的现代人力资源管理操作系统。

（五）爱德华·劳勒的“人力资源产品线”思想

爱德华·劳勒 (Edward E. Lawler) 是美国南加利福尼亚大学马歇尔商学院的管理和组织学教授，也是绩优企业研究中心的主管。由于劳勒为人力资源管理做出了许多贡献，美国薪酬协会和人力资源管理协会给他颁发了终生成就奖，《商业周刊》将劳勒评价为世界一流的管理专家之一。他曾与他人合著了 250 多篇论文和 30 多本书。其中，《最终竞争力》被中国《产业周刊》评为“管理类年度十大畅销书之一”。

劳勒在尤里奇等人研究的基础上进一步分析了人力资源部门作为企业的商业先导，人力资源管理者的市场价值体现在他们所拥有的无形资产上，例如拥有的知识、核心竞争力和组织能力。作为商业先导，人力资源人员必须能够为企业提供相应的产品。劳勒提出了人力资源管理的 3 条产品线理论。这 3 条产品线包括：第一条产品线是行政支持服务，这是它几十年来一直提供的传统产品，也是人力资源管理最初的功能，即基本的行政服务和事务，包括薪酬、招聘、培训和员工管理，重点在于资源的效率和服务质量；第二条产品线是商业伙伴服务，包括发展有效的人力资源管理系统，协助执行商业计划，管理人才，精通商业和解决人事难题的方法，商业伙伴产品线的本质就是通过有效的人力资源服务来驱使商业成功；第三条产品线是战略伙伴服务，人力资源部门要基于对企业人力资本和组织能力的思考，积极参与和干预企业发展战略的制定与执行，为了提供战略伙伴服务，人力资源部门必须具备相当广度和深度的人力资源知识、竞争知识、市场知识和战略知识。

在提供第三类产品时，人力资源管理者的战略伙伴角色备受关注，人力资源人员成为战略信息的提供者，组织的设计者和业务单元的执行者。在组织中，人力资源管理者能够影响到战略方面的活动包括：影响或设计战略的制定，战略选择，制定战略执行计划，设计组织结构执行战略，发现新的商业机会，评估可能的并购战略。人力资源管理者通过以下活动成为一个全面的战略伙伴：具备组织管理的专业技能；掌握人力资本评价的方法；通过人力资源分析和专业知识提高决策质量；掌握组织设计、业务战略分析和制订的方法技巧。

为了进一步扩展人力资源管理者作为战略伙伴的角色，提供更好的“产品”，劳勒分析了董事会决策与人力资源管理之间的相互作用，认为董事会决策会影响组织的人力管理政策和实践。但是，董事会内部却鲜有企业的人力资源人员以及精通人力资源专业的外部董事。事实上，支持董事会是人力资源成为战略伙伴的一种方式。只有当人力资源管理人员将自己看作是公司的战略伙伴时，才需要更多地参与董事会决策及得到董事会的关注。

人力资源部门需要关于组织绩效以及业务战略的信息，而不仅仅是人力资源管理工作自身内部的服务和产品信息，人力资源部门可以通过人力资源战略、人力资源技术、知识管理、团队合作以及绩效分析来给董事会提供支持。

爱德华·劳勒的"人力资源产品线"理论在尤里奇"人力资源角色及商业价值"理论基础上，进一步将人力资源产品化、商业化，人力资源管理部门彻底摆脱了过去作为一般职能部门的地位而上升为真正的价值创造部门或称为商业部门。爱德华·劳勒区分了行政支持服务、商业伙伴服务和战略伙伴服务 3 条产品线，其本质上是建立了人力资源客户营销理念。行政支持服务面向全体员工，商业伙伴服务面向直线经理，战略伙伴服务面向高管执行层和董事决策层。特别在战略伙伴服务产品线方面，这一理论突破了传统的人力资源服务于高管执行层的局限性，提出了人力资源部服务于董事会决策的观点，进一步突出了人力资源管理部门的先导作用，预示着使人力资源部门将从"合作伙伴"成为真正的"商业价值创造者"。在爱德华·劳勒人力资源产品线理论的影响下，以爱立信为代表的优秀企业突破了传统上人力资源部门内部机构按"选育用留"职能划分的设置方法（即传统的人力资源部内部设招聘部、培训开发部、考核与薪酬部门等部门），而改由企业化设置方法（即将人力资源部门内部机构设置为人力资源市场部、人力资源制造部和人力资源销售部门）以便人力资源部门更加深入地对企业发挥商业伙伴作用，使得人力资源部门从传统的职能部门演变成了企业商业价值创造部门。

六、人力资源管理与企业核心竞争力

企业人力资源是指能够推动整个经济和社会发展、具有劳动能力的人口总和。从现实的应用形态来看，包括体制、智力、知识、技能 4 个方面。人力资源管理，就是指运用先进的科学，对与一定物力相结合的人力进行合理的组织、调配，使人力、物力保持最佳比例，同时对人的思想、心理和行为进行恰当的诱导、控制和协调，充分发挥人的主观能动性，使人尽其才，事得其人，人事相宜，以实现组织战略目标。一个企业一旦离开了人力资源以及对人力资源的开发管理，一切都成为空谈，因此，人力资源是一个企业财富的最终基础。美国钢铁大王卡耐基曾经说过："你可以拿走我的厂房、设备、资金，但你只要给我留住人，五年后我仍是一个钢铁大王。"由此可见，人力资源是企业发展的根本。

人力资源管理是对人力资源进行有效开发、合理配置、充分利用和科学管理的制度、法令、程序和方法的总和。它贯穿于人力资源的整个运动过程，包括对人力资源的预测与规划，工作分析与设计，对人力资源的维护与成本核算，人员的甄选录用、合理配置和使用，还包括对人员的智力开发、教育培训，调动人的工作积极性，提高人的科学文化素质和思想道德觉悟，等等。

由普拉哈德和哈默对企业核心竞争力的定义可知，核心竞争力指的是企业内部一组技术和知识的组合，是企业的各种独特能力的集合，因此核心竞争力可以说是企业能力的网络结构图，而这张网络的能力的大小取决于各网络节点上的人力资源的能力发挥大小以及各个人力资源能力的相互匹配和整合效果。因为这些技术和知识都依附于人的身上，换句话说，人是企业核心竞争力的载体，企业如果没有了人力资源这个载体，核心竞争力的培育就会是无源之水。因此核心竞争力的培育必须以人力资源的开发与管理为基础。从根本上讲，企业核心竞争力的培育过程实质上就是人力资源的开发与管理的过程。一个企业的产品研发能力、科技创新能力、市场营销能力、组织管理能力的大小，均取决于该企业对人力资源的开发现状以及管理现状。如果企业忽视了对人力资源的开发与管理，企业核心竞争力的培育也就无从谈起。

由此，我们可以说，企业的核心竞争力离不开企业的人力资源管理，企业核心竞争力和竞争优势的根基在于企业人力资源管理。离开了企业人力资源开发管理，企业核心竞争力就会成为无本之木、无源之水。人力资源管理职能的调整提高，以适应企业竞争的需要。一个企业核心竞争力的基础在于对人力资源的开发与管理，同时要求人力资源管理职能的变化提高。20 世纪 80 年代，人力资源管理发展成为“成本控制理论的角色”。而从 20 世纪 90 年代以来人力资源管理的功能开始向“商业合作伙伴”方向发展，逐渐成为企业各部门管理的战略伙伴，并成为企业战略发展中不可或缺的重要组成部分。

人力资源管理层次的提升可以加大人在竞争中的作用。企业生产管理水平的高低同时与企业相应的人力资源管理层次相关。人力资源管理的发展变化可分成五个层次。第一，人力资源管理仅仅是作为一个实现商业利润的功能而存在；第二，雇员劳保福利和社会贡献；第三，人力资源管理组织被视作企业单位中不可或缺的一部分；第四，发展到人力资源与管理在战略上受到尊重的层次；第五，达到实现企业财富最大化的核心管理层次，也就是人力资源管理是企业财富最大化的需要，也是企业财富最大化的组成部分（企业财富最大化是企业管理的最终目标）。

七、提升人力资源管理的基本思路

（一）加强人力资源的战略地位，提升人力资源管理的战略作用

首先，完善公司组织架构，设置专职的人力资源部门。把人力资源管理部门提升到决策层面、战略层面，发挥人力资源的战略性、规划性、辅助决策功能。

其次，明确人力资源管理部门的职责和功能。发挥人力资源管理的计划、组织、监督、激励、协调和控制等职能。

再次，完善人力资源的相关控制流程，实现人力资源综合协调职能。

最后，加强人力资源规划工作。

（二）建立完善的人力资源管理的技术系统

根据企业的实际情况，建立、完善现代的人力资源管理技术系统，增加人力资源管理的技术武器和分析工具，提高人力资源管理的技术装备和水平，增强选人、用人、育人的科学性和准确性。现代人力资源管理的技术系统主要包括以下内容。

1. 人力资源规划技术

该技术包括组织和岗位的设计技术、分析技术、评价技术、定额定员技术等。引入线性和回归分析、现代工效学及工业工程（IE）技术等。

2. 选人用人技术

根据不同类别、不同层次的人力资源，开发出相应的选人用人技术，诸如笔试面试技术、心理测验技术、情景模拟技术、评价中心技术、系统仿真技术及现代考核技术等。通过对这些技术的集散应用，科学客观准确地评价出人才的知识技能、个性、综合素质、能力、职业适应性等，发掘出企业所需的各类人才，科学合理地配置人才。

3. 考评技术

考评技术设计的关键在于标准的确定，要根据企业自身的特点，设计出适合本企业实际的考评指标实施考评。同时，将考评结果与使用结合起来，有效地提高绩效水平，激发员工的积极性。

4. 薪酬设计技术

企业在薪酬设计上，以对外具有竞争力，对内具有公平性，对员工具有激励性，对成本具有控制性，体现岗位、技能责任、劳动强度的差别，体现薪酬的保障、激励、调节等功能，体现市场需求，使薪酬起到既能激励员工热情又能增强企业竞争力的作用。

5. 培训与开发技术

引入各种直接传授、实践培训、参与培训、网上培训、虚拟培训等方式方法，摸索出有效的技术组合。

6. 劳动关系管理技术

引入现代沟通处理技术、调查技术、统计技术、现代信息传播技术、现代谈判技术和预警机制等，信息沟通，整合协调，预防和化解矛盾。

（三）普及现代人力资源意识，培养造就“准人力资源经理”管理团队

首先，重点向部门经理和主管灌输现代人力资源意识，使他们明确：绩效考评、人员配置、教育培养造就员工等人力资源相关责任，不单是人力资源部门的职责，同时也是他们的义务和责任，关系到组织整体的管理水平和绩效水平，影响到公司整体战略的实现。提高他们执行人事职责的自觉性和责任心。

其次，明确划分直线部门或职能部门与人力资源部门的人事管理职责。

最后，定期培训教育部门经理和主管有关人力资源的知识、技术、方法，特别是有关绩效考评、人员配置、定员定额管理、薪酬管理、劳动关系管理等方面的知识、技能，以提高他们的管理水平。

综上所述，一个优秀的企业，应该有一套属于自己的、独特的企业文化，企业文化指导人力资源管理，使人力资源管理更加科学化、系统化、人性化。如果说企业文化是一个企业的灵魂，那么人力资源管理就是企业的可持续发展动力。我们都知道企业是以人为本，只有将人分配好，科学管理，合理利用，优化配置，企业才能持久地发展，企业才更强大，才更有竞争力。所以人才是一个企业是否具有核心竞争力的基础，也是一个企业的根基。一个企业有多少优秀的人才是靠企业文化和人力资源管理来实现的。所以企业文化、人力资源管理与企业核心竞争力密不可分。

在未来的经济中，人才的竞争才是真正的竞争，只有运用好了人力资源，我们的企业才有更长足的发展，才能更具有竞争力。企业只要不断加强人力资源的培训开发，提升人力资源的价值；构筑人力资源的坚实基础，支撑人力资源的整体运作；创新人力资源管理的技术系统，支持人力资源管理的发展；营造宽松的人文环境，增强企业的凝聚力；完善人力资源管理的激励约束机制，推动员工和企业不断迈上新台阶，企业的核心竞争力就会不断提高，企业就会在激烈的市场竞争中立于不败之地。

第二节　大数据时代企业人力资源管理创新思考

随着信息技术的迅速发展，大数据几乎已经渗透到各个行业和领域，日益成为数据时代背景下全新的生产要素、无形资产和宝贵的社会财富，成为商业变革和管理变革的新契机，将给经济社会的发展带来翻天覆地的变化。

人力资源管理作为管理学科的一部分，也正接受着大数据的洗礼，在当前情况下如

何把握和对待大数据，实现人力资源管理的创新，是人力资源管理系统迫切需要探索的问题。

不同的领域所呈现的大数据的内容各不相同。在人力资源管理领域，人力资源部门围绕“人”和“事”进行工作时，会产生大量的数据。总的来说，其数据类型大致可以分为4种，具体如表3–1所示。

表3–1 人力资源管理中构成大数据的数据类型

数据类型	主要指标	大数据类型
基础数据	年龄、受教育信息、专业技能、实践经历、现任职务、所在班组等	结构化数据为主，少灵敏为半结构化和非结构化数据
能力数据	培训经历、培训考核情况、解决问题时的效率、参与竞赛结果、奖惩情况等	半结构化和非非结构化数据为主
效率数据	工作任务完成效率、单项任务完成时间、坏件率、故障率等	多为结构化和半结构化数据
潜力数据	工作效率提升率、收入涨幅水平、职称提升频率、业绩提升率等	多为结构化和半结构化数据

一、大数据背景下企业人力资源管理的新趋势

（一）从“一言堂”到“众声喧哗”的时代

传统的企业管理更多的是管理者发号施令，普通员工只能被动接受。大数据时代，人们可以通过网络媒体时时传递信息和数据，大数据时代的网络平台是人人平等的，不再是原来的普通员工“有话无处说，说了无人听，甚至说了也白说”的时代。当年联想的裁员事件，员工在毫无征兆的前提下被企业裁员，被裁的人心里憋屈，留下的人也心生惶恐，一篇《联想集团大裁员：公司不是家》的文章发表在网上，委屈哀婉，柳传志的回复及时说明了情况，安慰了员工，并且反思了管理的问题，指出了未来的方向。在大数据时代，每个人都可能是“话筒”，都可能影响到他人，也可能受他人影响，没有任何一家企业独立于大数据的信息之外。

（二）从信息的“发布者”到信息的“接收者”

在这个“众声喧哗”的时代，员工的信息随时可见，并且随处可见，所以管理者要适应这种趋势，从原来的信息发布者到信息的接收者、交流者，从原来的“高高在上”到和“群众打成一片”，通过网上信息的大数据汇总，可以了解员工在经历什么，有哪些问题，如果是员工普遍存在的问题，是否需要进行培训？培训的内容是什么？据此进行的培训更加精准有效，员工会更加积极主动；如果是新招聘员工的问题，是不是招聘的方法方式不合适？要不要改进？从哪些方面进行改进？改进方案事前可以征询员工的建议，事后追踪

结果反馈。通过大数据的分析汇总，管理者可以及时发现问题、解决问题，对企业可能面临的问题未雨绸缪，从容面对。

（三）单纯的物质奖励会有穷尽，对员工发自内心的关怀会更长久

大数据时代的员工自我意识更强，更渴望得到尊重和关怀，他们来工作不单是为了养家糊口，更是为了有尊严地活着。如果企业关注不到他们的内在需求，只是简单的物质奖励，刚开始可能效果很好，但难以持久。所以给员工真正的关怀，解决他们的实际问题，更能打动员工，并最终留住员工。比如海底捞的新员工培训，会教员工如何使用ATM机，如何乘坐地铁，因为海底捞的员工大多来自农村，海底捞这么做是为了帮助员工快速融入城市生活。同时会给业绩好的员工父母寄钱，让他们也感受到孩子的成长和荣光，能这样设身处地为员工着想的企业会让员工心生眷恋，不舍得离开。

二、大数据背景下企业人力资源管理的创新研究

（一）大数据背景下企业人力资源管理变革总述

1. 管理方式的变革：从领导“拍脑门”到让数据说话

大数据时代员工的社交形式更加个性化、丰富化，依托微信、微博、QQ等数据平台，员工的价值观念、欲望需求不再是“雾里看花”，而是“清晰可见”，并且“显而易见”。借助网络媒体大数据的信息平台，企业不仅可以从战略上把握和管理员工的人力资源情况，还可以详细确定他们当下的内在需求和未来的发展潜力，进行个性化的人力资源培训和员工职业生涯规划。同时，网络媒体可以使人员招聘范围更加广泛，数据更加真实可靠，避免了原来招聘过程中面对大量的招聘信息无从下手，无力处理的尴尬和困境。依托大数据的分析比对技术，可以找到更适合的人，提高员工的职业胜任力，让员工工作能更自如，也让人员招聘更高效，真正做到事得其人、人尽其才。

2. 组织结构的变革：建立快速反应的新型合作组织

大数据时代信息的多元化和泛在化使得员工对企业的依赖度降低，远程工作成为常态。每个企业所面临的竞争环境、行业动态千差万别又瞬息万变，在以客户为中心，快速响应的时代背景下，传统僵化的组织势必没有市场，与之相对应的是丰富多元的柔性组织，可以形成管理者、员工以及客户之间的无障碍互动交流。小米公司采取的是扁平式的组织结构，小米的组织结构基本上就是三级，所有人都以满足客户需求，为客户创造价值为导向，然后大家分工协作，承担各自的责任和任务。小米实行“去中心化”的管理体制，所谓“去中心化”就是让客户成为发令员，客户的需求就是命令，一切以客户为导向，形成员工和客户需求间的直线联系，管理者提供支持和配合，通过客户倒逼机制构建了新型

的合作关系。

3. 分配模式的变革：实现员工和企业的利益共享

除了企业组织变革外，还有一个重大的变化就是利益分享机制的变化，从人力资源走向人力资本。在人力资本时代，人力资源取代物力、财力资源将成为企业价值创造主导要素，如何留住人才尤其是企业的核心人才，成为摆在当代管理者面前的一个难题。所谓“财聚则人散”“财散则人聚”，华为走在了时代的潮头。

华为的“集体持股”，在中国企业可以说史无前例，员工持股占98.6%，创始人任正非只有1.4%，造就了华为式管理的向心力和凝聚力。一次次的攻下堡垒，拿下市场，帮助华为脱离险境转危为安，并且不断创造着辉煌。

4. 管理角色的变革：关注员工的内心体验打造员工成长、价值创造的平台

值得追随的领导要有“渡人之心”，要为员工打造学习成长、价值创造的平台。现代人力资源管理注重创造合作共赢的组织气氛，为员工做好职业生涯设计，发挥员工特长，打造员工的价值实现通道。华为的以人为本，不是以懒人为本，而是以奋斗者为本，让拼搏者奋斗者有尊严、有价值，华为的股份制不单单是分配模式的改革，更是员工角色的转变，它把员工从打工仔变成了企业的股东，员工不是为老板打工，而是为自己和家人打拼，从而让大家心往一处想，劲往一处使，使企业迸发出真正的凝聚力和源源不断的创造力。大数据时代已经来临，它带来了全新的观察和管理的方法，不仅有直觉和经验，还有数据和分析。通过大数据的分析技术，企业可以更清楚地了解自己的人力资源状况并制订出更适合企业发展的战略和规划，不断地优化人力资源结构，促进企业的长期稳定发展，让大数据成为企业人力资源管理的得力工具。

（二）大数据背景下人力资源管理六大模块的创新

人力资源管理包括人力资源规划、招聘与配置、培训与开发、绩效管理、薪酬管理及员工关系六大模块。六大模块之间相辅相成，相互联系，对解决企业人才的“留、选、育、用”问题具有极为关键的作用。大数据时代的到来，为其注入了新的能量，有人认为，大数据将成为人力资源管理的第七大模块，渗透到六大模块之中，为每一模块提供过硬的数据支持，推动人力资源管理系统的全面创新。

1. 大数据与人力资源规划：事实＋数据

人力资源规划的主要任务是预测人员需求，目前所采用的工具主要有专家预测、回归分析、趋势分析和比率分析等。管理者在使用这些工具的时候大多具有主观臆断性，不能做到全面客观，而大数据时代的到来却可以很好地解决这一难题。在大数据的环境下，通过对组织内外部信息资料的收集，管理者可以确切地掌握反映每一位员工真实情况的各种

数据。在了解了员工的基本情况、受教育信息、实习或工作经历、普遍性去和爱好等结构化和非结构化的基础数据，解决问题的时效、参与竞赛情况等非结构化的能力数据，以及员工的任务完成效率和绩效成果等效率数据和潜力数据之后，结合员工个人的目标和发展需求以及企业近几年的人力资源流动情况等，人力资源部就可以对员工的数量、质量、结构等做出客观的静态分析，对人员的流动性等做出精确地动态分析，随时预测空缺岗位的需求人数，查看其中哪些岗位可以通过企业内部培训来填充，哪些岗位必须通过企业外部招聘获得。

人力资源部通过对数据进行收集、统计和分析并结合企业的战略目标，制订未来人力资源规划。按照这样的原则，企业所有的人事决策都以“事实+数据”的形式进行，不仅可以客观地确定未来人力资源工作的重点，还可以确定具体的方案和计划。人力资源部要善于利用数据、正确利用数据，做出的每一步规划都要以事实为前提、以数据为基础，这对企业公平地建立、制定与实施人事政策等多方面都将产生不可估量的影响。

2. 大数据与人才的招聘与配置：社交网络+数据处理

在招聘的过程中，企业大多采用网络招聘、校园定向招聘和现场招聘等多种形式，招聘者只对求职者的部分基础数据有大致的了解，如专业情况、实习经历等半结构化数据，面对求职者的动手能力、专业技能掌握情况等一些重要的非结构化能力数据却并不太了解，对于员工的一些业绩完成时效、职称提升率更是全然不知。在大数据的背景下，一种不断融合社交网络的立体化的新招聘形式逐渐受到人们的关注。这其中较为成功的社交网络就是LinkedIn，它能够借助社交基因弥补传统招聘的不足，既能使招聘者对应聘者的社交信息有详细的了解，提高招聘的质量，节约招聘成本，又能拓宽求职者了解应聘公司信息资料的渠道，提高其应聘的效率。

社交网络拥有很多数据集群体，基本涵盖了与一个人有关的全部信息，如工作信息、生活状况、社会关系、工作效率、能力和潜力开发等。人力资源部借助社交网络的大数据能够直接获取应聘者的各类信息，不仅包括人力资源管理中所涉及的大数据信息，还包括其他政务数据信息和隐私数据信息等，从而形成与应聘者有关的立体信息机，全面了解应聘者的实际情况，实现精准的“人岗匹配”，达到“人尽其才，才尽其用，人事相宜”的状态。

企业人才招聘在“社交网络”的大数据库里加以遴选和聘用，不仅可以避免“井底之蛙”的眼光，还可以防止一些拥有人事权力的人以权谋私，从而促进人才的高效流动。对人力资源部门而言，一方面要把求职者的简历信息、职位申请信息等不断地聚集起来，为招聘工作的大数据分析奠定基础；另一方面，要在此基础上充分利用现代的云计算技术对大量数据进行处理，筛选有用的信息，摒弃无用的数据，得到申请职位情况、就业倾向等系列分析成果，并结合企业的人力资源规划情况得到企业各部门的招聘计划，使招聘工作做到有理有据，流程更有成效，使配置工作定位更精确，实现“引”和“用”的艺术结合。

3. 大数据与员工的开发：最大潜能＋查缺补漏

职业生涯管理作为人力资源开发的重要组成部分，在企业的人力资源管理中发挥着重要的作用。其可以更加有效地开发和利用企业内部的人才资源，减少对外部招聘的依赖，节约招聘成本，节省招聘时间；增强员工对企业的忠诚度和向心力，提高工作的积极主动性，减少离职率。在大数据时代，海量的具体量化数据可以为职业生涯管理提供更具有说服力的信息并增强决策的可行性。

在大数据的理念下，职业生涯规划是基于全部数据的，因此在信息的收集上，人力资源部不仅要了解员工的应聘岗位、晋升意愿以及职业规划等结构化与非机构化的数据信息，还要深入挖掘与职业生涯规划相关的其他信息，力求保证信息的完整性与整体性，然后对这些信息进行量化分析，摒弃一部分干扰数据，最终形成员工的立体信息集，使职业规划定位和职业引导更具有针对性和说服力。企业可以利用软件技术开发设计一套基于大数据理念的职业生涯管理测评系统，对于传统的职业生涯管理取其精华，去其糟粕，与大数据下的职业生涯管理结合起来，发挥二者的优势。由此一来，企业可以全面地掌握职工行为，主动地为职工提供“量身定做”的人事服务，帮助员工胜任工作并发掘员工的最大潜能，提高企业的竞争力。然而，在大数据时代，现有的人力资源开发方式存在严重的局限性，其中较为明显的就是人力资源的培训开发。培训分为岗前培训和在职培训，能使员工了解岗位的工作职责，认清工作重点，改善工作中的不足，提高工作效率，实现“人岗匹配”。因此，对员工进行培训十分重要。目前，大多数企业都采用问卷调查的形式，让员工参与其中以确定培训的内容。然而，随着大数据时代的到来，这些方式日见其片面性。大数据中的一个“大价值”就是在应用中纠正错误，因此人力资源管理部门应关注相关数据所表现出的错误，实施针对性的培训，做到查漏补缺。

例如，对于煤炭企业的煤矿挖掘机操作作业的专业技术人员来说，可以从其业绩完成率等结构化的效率数据来反映其需要培训的内容。换句话说，如果专业技术人员的业绩指标出现了下滑，人力资源部就可以针对问题进行数据的收集、整理与分析，深入挖掘根源数据，确定问题来源是专业技术知识的缺乏还是团队士气的不足，从而确定不同的专业人员的培训计划。企业可以根据不同的情况，制订不同的部门培训计划、一般人员的培训计划、选送进修计划等。这样一来，人力资源管理部门就能对员工的培训做到游刃有余。

4. 大数据与绩效考核：岗位数据＋员工参与

在以往的考核中，考核者大多依赖有限的记录对被考核人士进行主观评价，进而确定考核结果。例如，通过记录员工的出勤率、工作热情程度等通用型结构化和半结构化的基础数据和故障率、任务完成率等岗位型的效率数据来确定员工对企业的贡献。

然而，在大数据时代，想要在考核中做到客观公正，消除员工的机会主义行为，人力资源部门就必须改变原有的考核方式，建立以数据为依托的人员考核和胜任力分析工具。在绩效考核指标的设计中，首先进行的就是岗位分析。因此，企业要充分利用现代科学技术和平台，全面收集和深入挖掘岗位相关数据，建立以数据为依托的绩效考核指标，进而设计员工考核的分析工具，使其不仅可以客观地肯定员工过去对企业的贡献，还可以对员工未来工作的改进提供量化的指导。

此外，还可以在企业内部建立信息共享和互动平台，如微博、微信、贴吧、BBS 等，让员工对绩效考核指标的筛选、内容的确定、实施的流程等一系列要点的确定各抒己见，积极地进行讨论互动。由此一来，人力资源部就可以利用平台所产生的大量数据客观地确定绩效管理的方案，明确员工最关心问题和最希望解决的途径等。利用这样的互动平台，员工就间接地参与了绩效考核政策的制定，还可以对企业的领导及其他人员的绩效进行直接的考核，有助于推动组织管理和绩效考核的透明化、领导对员工绩效的把握和员工对领导工作的监督以及员工之间的信息共享和相互沟通。让员工参与其中，使其更能感受到企业对其重视，进而调动其工作热情，提升其对企业的忠诚度。

5. 大数据与薪酬激励：针对性＋多元化

有效的激励不仅是对员工过去业绩的肯定，使其获得成就感，还对员工未来工作积极性的提高具有重大的意义。随着人力资源管理系统的不断发展，薪酬激励的手段不断增多，体系日趋完善。就目前来说，主要有以下几种激励措施：物质利益激励、事业激励和感情激励。

物质利益激励主要包括薪酬激励和福利激励，如基本工资、绩效奖金津贴和五险一金等，这些都是员工基本生活和稳定工作的保障。在大数据时代，要以数据为基础，用事实说话来制订薪酬体系才能做到客观公正，保证人才队伍的稳定。通过对基础数据的了解，对那些长期服务于公司的员工要加大物质激励的力度，可以采取提供无息购房贷款的政策，并且通过全面的数据分析来确定贷款的额度。

对那些在能力数据和潜力数据方面表现优秀的员工来说，仅仅采用丰厚的物质激励是远远不够的，还要采取多元化的激励手段。根据马斯洛的需求层次理论，人都有自我实现的需要。在企业内，尤其是高层或骨干员工，他们都希望在专业上有所建树，在职位上有所提升，其名誉权威需求比物质利益更加强烈。因此，企业可以制订相应的进修计划，其名单的考核和确定一定要以员工所产生的大数据为基础。

此外，感情激励也是一种很好的激励手段，是对员工的尊重与信任、理解与支持、关心与体贴。企业恰当地利用感情激励能够充分调动员工的工作热情，培养员工的忠诚和信任，从而打造一支稳定的工作团队。例如，在企业内部建立经济困难预警系统，当员工的用餐卡在食堂的餐饮消费低于一定数额时，系统会自动给其发送通知，询问其是否需要帮助，相关人员还将根据预警进一步地详细核实，最终确定是否对其提供帮助以及帮助的具体程度。

6. 大数据与员工关系：劳动契约＋心理契约

劳动契约明确规定了企业与员工之间的权利与义务，而在大数据时代，劳动契约要更多地体现人性化的原则才能保证员工满意，降低企业的离职率。例如在考勤管理方面，随着大数据时代的到来，计算机技术的广泛开发和应用，一种由打卡记录员工出勤情况的考勤手段发展到指纹记录，有些企业甚至已经采用瞳孔记录等一些更为先进的手段，这些都很好地体现了以人为本的原则。

此外，企业仅仅以劳动契约与员工建立关系是远远不够的，还需建立以共同愿景为基础的心理契约。以数据和客观事实为基础进行人事决策，让员工参与其中，对数据进行全面分析，使员工感受到客观公平，从而对工作更加积极，更容易在核心价值观上达成共识，由此来培养员工的职业道德，实现员工的自我发展与管理。大数据时代人力资源管理的信息化及全球化，使得员工通过计算机技术与网络技术逐渐改变其原有的工作方式，不断提高工作效率、规范业务流程，为企业带来更好的增值服务，实现企业和员工个人共同成长和发展，为实现双赢的目标而共同努力。

三、人力资源管理融入大数据时代应注意的问题

（一）权衡大数据带来的收益与支出

企业要想将大数据融入人力资源管理体系中，首先要考虑其可行性，既要考虑其规模和资产，权衡收益和成本，始终以利益最大化为目标。目前，一些中小型企业盲目跟风，急切地将大数据引入人力资源管理系统中，认为拥有大数据就是拥有先机和脱颖而出的法宝。然而，很多企业不明确大数据的真实含义而一味地收集无用的信息数据，消耗了大量的财力而建造基于数据的信息管理系统，并对其进行维护。这样的行为完全忽视了收益与成本的关系，有可能得不偿失，容易造成人力资源管理系统的瘫痪。因此，在今后的发展过程中，企业首先要考虑大数据与人力资源管理系统结合的必要性，避免盲目跟风，用谨慎认真的态度权衡利弊。

（二）人力资源的共享与安全

大数据时代的到来带来了优势和方便，同时也存在着弊端。目前针对大数据安全问题的应对措施及技术不断被提到，但其共享与安全问题仍然存在。大数据的人力资源系统也同样存在着安全隐患。例如，大数据时代的招聘新模式：网络招聘，即人力资源部通过网

络获得应聘者的所有数据信息，不仅包括与工作有关的数据，还包括与生活有关的大量隐私数据、财务数据等，这些关于应聘者和员工的种种数据如何保护，被访问的权限如何设置等都应该引起企业的高度重视，这些数据一旦泄露或丢失，后果将不堪设想。所以数据安全问题将成为今后人力资源系统创新的重点。

第三节　大数据时代的人力资源管理实践

在大数据时代，数据已经不再是一种简单的处理与分析的对象，而成为组织的一种战略性资源，它给人力资源管理带来了前所未有的机遇与挑战。然而，在实际的人力资源工作中，真正有效地运用大数据的优秀实践并不多见，甚至有的人力资源从业者对于大数据还存在一定的误解。本节采用案例研究的方法，分别对谷歌和甲骨文两家公司的人力资源管理实践进行考察，深入研究大数据在人力资源管理中的现实意义。

谷歌是第一个被公认为全球最大的搜索引擎，在全球范围内拥有无数的用户，它致力于互联网搜索、云计算、广告技术等领域，开发并提供大量基于互联网的产品与服务，可以说，谷歌是大数据时代的开拓者，更是基于数据的人力资源管理的先驱。当外界开始发现大数据具有的无穷潜力的时候，谷歌已经拥有了一整套的数据驱动的人力资源管理方法论。人力资源管理不仅要像谷歌公司学习如何提升自己的数据能力，更要学会“为我所用”。甲骨文公司，作为全球最大的企业级软件公司，它提供的大数据的解决方案，能够帮助企业快速地将数据转化为业务价值，实现人力资源的优化升级。

一、理论基础

资源基础理论认为，企业资源具有异质性，且难以转移，进一步提出，具有价值性、稀缺性、难以模仿和无法替代的资源是企业可持续竞争优势的来源。而仅凭资源无法创造优势，只有资源相互配合，形成能力，才会给企业带来竞争优势。资源基础模型认为，任何一个组织都是独特的资源和能力的组合，这些资源和能力的独特性是实现企业战略和超额利润的基础。在全球化竞争和知识经济时代，基于核心能力的企业持续竞争优势观认为，企业的竞争优势来源于企业内生的核心能力。核心能力是企业内部的累积性学识，是协调不同生产技能和有机结合多种技术流的能力，是要求组织整体协同的能力。

基于上述理论，在大数据时代，人类对于数据的分析能力、提取信息能力以及提炼知识的能力不断提高，数据实现了“数据信息知识利润”的转化。大数据技术的发展，加快了组织内部的“积累性学识”的转化与沉淀，为组织创造利润。麦肯锡的报告指出：“实施正确的激励措施，大数据会成为基础性的竞争资源，成为下一轮生产率提高、技术革新和消费者价值创造的支撑。”以往，除了货币、物质等“硬资本”，人力资本也被视为企业的一项重要的核心竞争力。此时我们并不把数据看作一项战略资源，这是因为在传统商业运作的过程中，数据要依靠数值、规则和图标等呈现，再交给人才解读，此时，企业运作的核心关键流程都在人才的头脑中，取决于人才的智慧，人才在解读数据、做出判断的过程中起到了至关重要的作用，而数据仅仅起到提供相关素材的作用。科技发展到今天，由于数据挖掘等关键技术的存在，数据不再局限于报表，而是可以集分析、决策等为一体，上升到决策支持的地位，可以说大数据的发展使得生产力得以进一步解放，人力资源管理与大数据相结合，将释放出更大的活力，为组织赢得可持续的竞争优势。

通过对谷歌和甲骨文两家公司在大数据时代的管理实践的考察，发现甲骨文公司运用大数据，为企业提供了一系列的云服务，实现了人力资源无边界价值网的形成，使得企业成为员工参与的先行者；而在谷歌公司的数据分析团队使得人力资源部门的数据能力得以升级，管理决策基于数据而不是人的主观判断，实现“去人化”。这两个案例中，大数据通过人力资源发挥作用，为企业提供了一系列具有独特价值，且使得企业的竞争对手在短时间内难以快速模仿的知识、技能、技术、管理等要素。人力资源管理全面关注需求，突破传统部门、组织、文化的边界，挖掘员工的内在价值，为企业赢得竞争优势，也因此上升到战略层的高度，为企业战略决定做出贡献。

二、案例 1：谷歌人力分析团队—基于数据的人力资源管理

谷歌的人力资源部门被称为人力运营部（People Operations），人力部门的命名其实是冰山一角，它恰恰表明了谷歌公司高层认为，该公司的成功与企业中的人息息相关，公司运用基于数据的人力资源管理，最大限度地将人的作用发挥到极致。

（一）人力分析团队的组建

基于数据的方法论的忠实信徒 Laszlo Bock 在谷歌公司出任副总裁与 HR（人力资源）主管，他上任后将 Setty 从第一资本公司挖来，Setty 是学化学工程出身的，并没有太多人力资源管理的经验，但他在完成自己 MBA 课程的时候，惊讶地发现人类在做出决策时常常依靠主观判断和感受，这使得他非常沮丧，而 Bock 看中这一点，并将他招进谷歌公司，让其带领一支人力分析团队（People Analytics Team）。他要求 Setty 一定要将谷歌工程分析的一整套的严谨方法运用于人事决策。在他们的主导下，谷歌人力运营部的准则是：谷歌所有人的决策都要基于数据和分析。

人力分析的团队成员一般具有统计、金融、组织心理学等领域的博士学位，其工作包括帮助做出最优薪酬奖励决策以最长时间留住顶尖人才，推算出最优面试模式以确保招聘

到最佳求职者，使用心理学和数据分析的方式分析哪些员工在谷歌能够成功发展，哪些员工最可能中途离职等问题并建模。他们也针对某些领导力、决策力等问题进行更深入的研究，例如，他们探索人的认知启发模式，分析人们做决策或解决问题时通常会选择的思维捷径，并证明这些捷径可能导致的偏差。同时，这个团队的研究结果也是谷歌人力运营部积极影响公司绩效的最有力证明。

（二）人力分析团队成果

人员分析团队直接向公司副总裁报告，在HR的所有模块中，团队都会派出代表，该团队现在推出了很多包括非匿名员工调查和指数等成果，它也致力于研究人事运营内在规律，提供解决方案等。它的目标是运用数据和测量的方法替代人的主观决策。迄今为止，其对谷歌的贡献主要集中在以下几个方面。

1. 人才保留

基于企业招聘和培训员工需要投入大量的人力物力财力的考虑，企业保留现有人才的能力的提升也许是走向成功的第一步。谷歌通过数据分析开发了人才保留算去，能够预测哪些员工可能会离职，并据此避免了不必要的摩擦，员工的人才保留率升到了35%以上；另外，通过对于产假的重新设计，谷歌将与此相关的离职概率降低了15%。

2. 打造多元人才队伍

人才队伍多元化不仅仅是法律的要求，更是谷歌这样一家创新型公司发展的客观要求，谷歌运用数据公司来保证员工多样化。人力分析团队运用数据分析出公司人员种类不够多元的根本影响因素，这些因素是可测量的。

3. 智能化招聘

选人比用人更重要。谷歌用数据分析的方法寻找最佳候选人，能够预测应聘者在进入公司后是否具有最佳生产力；另外，他们还开发出一种分析被拒绝简历的算法，发现公司有1.5%的出错率，最终他们聘用了这之中的一部分人。此外，谷歌还发现，招聘流程并非越复杂越好，四轮以上的面试并不能保证招聘的质量。

4. 工作环境优化设计

谷歌用数据分析的方法分析了员工的工作场所，发现娱乐有助于提高员工绩效。个性化的工作空间、公共的线上社交场所以及学习与发现的机会将有效提高员工的工作生产率和人员留任率。除此之外，谷歌还利用数据确定理想的组织规模和不同的部门形态。

5. 管理经理人

谷歌人力分析团队找到了成功经理人的八大行为特征。他们进一步发现，一对一的教练训练、个性化的反馈和对于员工个体的关注与员工保留率和工作满意度呈正相关。根据这八个特质，每年经理人都要接受两次考评。

（三）基于数据打造最佳经理人

谷歌公司对于其很多研究都采取了保密，但是人员分析团队于2009年启动的“氧气计划”却为人熟知。“氧气计划”的成果之一是得到了成功经理人的八大行为特征，但更为重要的是，这八大行为特征并不是一个宽泛的概念，谷歌人力分析团队研究出了与这些特质相关的经理人的可测量的关键行为，以及一整套的通过组织中的沟通与培训帮助经理人培育这些特质的方法论和具体技术。此外，“氧气计划”的具体实施过程也值得我们关注，管中窥豹，我们可以得知人力分析团队是如何真正做到基于数据的人力资源管理决策的。

1. 项目背景

谷歌公司自成立之初，员工的主体部分就是一群笃信“技术至上”的工程师，对于管理以及管理者的价值，其实很多员工心中一直存在疑惑，甚至认为管理会耽误公司正常工作的高效运营，公司高层也注意到了这个现象，早在2002年，谷歌就开始推行全面的“组织扁平化实验”，旨在打破管理层级，充分发挥员工创新能力。然而，实验几个月后就失败。这从侧面印证了，管理者在谷歌是有一定的重要性的，他们在为员工设立目标、促进合作、支持员工职业生涯发展和制订符合公司战略目标的流程方法起到了重要的作用。到2009年，谷歌的人力分析团队终于开始研究这个困扰谷歌多年的问题“谷歌到底要不要管理者”。

2. 实施过程

人力分析团队首先考察了谷歌内部员工离职访谈的数据，发现员工的离职率与其对于管理者的低满意度之间存在联系。但问题是，整个谷歌公司的离职率较低，就此下结论缺乏充分的证据。

于是，团队开始查看每年的Googlegeist的年度调查评分表和评估报告，这项调查匿名收集员工对公司的看法与意见以及未来职业规划，并交由专业人员分析，团队开始考察管理者的满意度与绩效之间的关系。然而，刚开始的结果并不令人满意，因为研究人员发现，满意度得分低的管理者的业绩也很不错。团队进一步运用了更为复杂和精密的“多变量统计方法”，想要证明管理的价值，即“管理水平的提升非常重要”。终于发现，得分高的管理者所在团队的离职率低于其他同等条件的管理者的团队，管理者质量与留任意愿和员工幸福感之间存在相关关系，这种关系强过了与员工资历、绩效、福利和晋升机会等因素。

在证明了“管理在谷歌是有用的”之后，团队运用了一个双盲目性访谈的方法，访问了来自全球各地谷歌公司不同职能部门的管理人员，包括“您多长时间会与直系下属进行一次有关其职业发展的讨论”“您为团队意愿的设立贡献了什么”等问题。

接下来，团队研究了成千上万份 Googlegeist 卷的定性访谈、绩效评估表，以及每年谷歌公司评出的 20 多位公司最佳经理人奖（Great Manager Award），经过反复的调研，终于得出了成功经理人的八大行为特征（详见表 3–2）。

表 3–2　谷歌成功经理人的八大行为特征与 22 个问题

成为一名好的教练	你的经理是否能及时地提供具体反馈信息；你的经理是否定期与你做面对面谈话；你的经理是否能够给你提供建设性的意见
充分的投权，避免事无巨细的微管理	你的经理是否事必躬亲；你的经理是否给了员工足够的空间，必要的时候提供帮助；你的经理是否能够帮助团队
关注团队成员的成功和个人幸福	你的经理是否关怀团队中的每个成员；你的经理是否在员工遇到困难的时候给予大力的支持
高效且结果导向	你的经理是否注意力能在最首要的任务和最重要的结果上面；你的经理是不是熟悉任务中的不确定性和复杂性，并能成功地去解决它们
良好的沟通者，关于倾听和分享信息	你的经理是否定期分享公司上层的相关信息；你的经理是否总是以诚相待，即使坏消息也不去隐瞒；你的经理是否相信团队的成员，尽可能多地去分享和获取信息
帮助员工职业发展	你的经理是否帮助团队成员增强个人技能，并且提供发展职业生涯的机会；你的经理是否会与你讨论职业生涯的各个方面，而不仅仅是升职；你的经理是否能够给团队成员在职业发展的领域给予反馈和帮助
对团队的愿景和战略有清晰规划	你的经理是否会和员工沟通愿景和战略；你的经理是否会帮助团队成员理解他的工作将如何影响整个组织；你的经理是否会和员工定期沟通愿景和战略
拥有关键技能来帮助团队解决问题	必要的时候你的经理是否会亲自和员工一起完成任务；你的经理是否会明确工作中的各种挑战；你的经理是否会根据相应的角色去解决不同的问题

3. 世纪应用

（1）匿名评分

为了让结果更易接受，人力分析团队为不同部门的员工定制了不同的调查工具：行政和全球业务部的员工有上行反馈调查（Upward Feedback Survey，UFS），工程师技术经理人调查（Tech Managers Survey，TMS）。在调查中，员工对经理人的一系列行为打分，这些评分项目与管理者的成功管理者的八项关键行为息息相关。

（2）经理人接受反馈，进行改进

评分是匿名进行的，之后经理人会收到评分表和个人评价，报告中经理们不仅能够看到自己的得分，还有如何改进的意见，在某些方面得分低的经理可能会被建议接受相关培训。谷歌还邀请得分高的经理人举办经验分享会，为员工提供建议，这样做的目的是要让员工们能够从自己的优秀同仁处得到最实用的管理经验，而并不是从人力部门获得信息。此外，人力运营部门还会定期向新的经理人推送邮件，给他们一些在谷歌获得成功的建议和意见，这当中既有“氧气计划”的调查研究结果，也有培训课上的补充内容。

4. 效果评价与项目局限性

自 2010 年到 2012 年，在谷歌公司，经理人的 UFS 和 TMS 好感度中位数从 83% 上升到了 88%，低分管理者获得了很大的提升，尤其是在员工培训和辅导职业发展等方面。当然，也有员工清醒地认识到，有的经理人可能会为了在评价中拿到高分做“老好人”，不给员工应有的提醒，针对这一问题，谷歌人力分析团队指出，这八项行为表现有具体的行为指标，如果管理者做样子的话，很容易被发现。

当然，谷歌公司也坦承，项目存在以下局限性，有待改进：首先，员工每半年都要进行一次调查问卷的填写，很有可能会产生倦怠心理，到时的回答率可能会降低；其次，随着公司的发展，管理人员的晋升，公司可能会对他们的能力提出新的要求，在高管职位上，所需的行为指标很可能产生发展变化；最后，问卷能够反映员工的满意度等比较主观的感受，但是我们并不能得出如此主观的感受会对销售、生产力和利润这些企业经济指标产生怎样的影响，这也是谷歌未来运用自身强大的统计工具应该更进一步探索有效测量方法的领域。另外，这 8 项行为特征指标有被同类高科技竞争对手模仿的风险。

三、案例 2：甲骨文的 HCM Cloud 员工参与的先行者

当今时代的企业正处于经济、社会与技术的大变革浪潮中，人力资源管理迎接了前所未有的挑战，传统的理论、职能与核心任务都将受到颠覆。中国人民大学教授彭剑锋将当下的人力资源管理称为“价值增值阶段”，此阶段人力资源管理呈现“五化”：知识化、归核化、价值化、流程化和平台化。无独有偶，大数据背景下云服务平台的出现与不断完善满足了这种现代人力资源管理的需求，Oracle 于 2014 年再次全面升级的 HCM Cloud 系统所秉承的战略思维与彭教授等的理论不谋而合，这也进一步证实了管理理论与趋势的全球化。

（一）通过 HCM 云打造的人力资源无边界价值网

首先，平台化理念要求企业建立一个集整合化、平台化管理与智能化分析为一体的人力资源管理运营系统，使人力资源管理能更好地与企业的业务层整合，真正实现伙伴式管

理，而 HCM 云作为一个全面、集成的系统，涵盖从招聘、入职、人才培训和发展到绩效和薪酬管理的整个人才管理闭环，并具有信息挖掘、人工智能等分析功能，并可以和其他业务云无缝整合传输信息，真正构建了符合现代管理趋势的人力资源管理线上平台。

而流程化的概念要求人力资源管理由基础支持部门转向客户导向，从而以客户为价值牵引构建人力资源价值创造流系统，即“人才是客户，客户是人才”，作为能同时提供 SaaS（软件即服务）、PaaS（平台即服务）、IaaS（基础设施即服务）且涵盖整个企业级服务的厂商，甲骨文云能更好地将人力资源管理与企业的其他模块整合，为流程化扫清了技术障碍，其社交云等概念也打破了企业与员工、客户之间的沟通壁垒，使得有价值的信息流可以更好地贯穿整个流程化系统。

在价值化的理念中，强调了通过人力资源获取价值的能力的提升，要求组织激发员工的潜力和创新精神从而更好地创造价值，在 HCM 云系统中的 Oracle Learn Cloud 以及与肯耐珂萨公司合作的“云中公开课”等为培训项目提供了全面和可拓展的学习管理平台，让员工能够自主学习，激发员工的思考和创新能力，促进了组织价值化的达成。

归核化的主题思想是通过专业的人力资源服务加之以合理化包管理运营，使人才以及组织这两大核心能力得以显现，显示了人力资源管理专业化、外包式的趋势，而甲骨文通过与人力资源服务公司 FESCO 合作，推出面向企业的一站式业务流程外包（BPO）共享服务，为企业提供了专业完备的人才管理全流程外包解决方案，实现人力资源管理的归核化转型。

最后，知识化，即着重于将员工个人的智慧和经验固化为组织化的知识资源，从而在知识经济时代实现组织价值创造流程的极大化，HCM Cloud 系统通过 Social Sourcing Cloud 的企业社群建立，在促进了组织内部沟通的同时，进一步简化了知识技能的传播，智能化的系统可以自发获取系统中的信息并通过合理的分析处理形成知识财产存储在云端，从而更好达到知识化这一最终目的。

（二）HCM 云端的基本特性

人力资源外包业务以及管理信息系统在企业中的应用由来已久，随着大数据时代的来临，人力资源管理软件行业在过去 5 年也发生了巨大的变化：一方面，客户的需求在发生改变，从追求传统的人力资源管理处理功能过渡到提高员工生产效率上；另一方面，随着信息爆炸产生的数据的巨量性，越来越多的企业希望把 HCM 软件及有关信息放到云端，从而节省成本。在这种情况下，具有移动、社交、大数据基因的 HCM 云系统应运而生，成为新时代更具竞争力的企业选择。其主要特性有以下几个方面。

1. 战略性

通过与其他业务云的融合，可以实现系统性的管理、部署和统一，彻底打通业务链，消除信息孤岛，让 HCM 云不仅作为一个管理功能处理软件，更能帮助企业基于整个企业的战略发展建立有计划的人力资源管理模式，确保组织与公司的战略方向协调一致，使人力资源管理成为企业战略的可靠支撑。

2. 集成性

HCM 云能有效帮助企业实现 IT 技术与人才管理的融合，而这种融合不仅是将原有软件搬上云端，其服务业务向前延伸到了招聘，向后延伸到人才管理包括人才的目标管理、培养计划和绩效管理等，使人力资源管理闭环中的不同模块高度集成，使各模块之间的配合得以更加便捷，提高人力资源整体的运营效率。

3. 灵活性

面向云环境的 HCM 云具有大数据时代快捷部署、极速应用的特点，且可以在任何移动设备上轻松应用。通过移动支付和实时访问可操作性数据等功能，让人力资源管理事宜的处理变得高效便捷。

4. 体验性

HCM 系统直观且易于使用，将分散的各项功能集成为单一的、透明化且基于角色的用户体验，同时提供个性化页面的编辑和设计功能，让全体员工拥有定制般的用户体验，从而助力企业的长远创新和发展。

5. 预测性

HCM 云系统提供了高度集成的端到端人才管理方案，这种全面管理可以生产出全面的人才情报并存在云端，利用大量的数据信息，云服务能够最终预测未来，在潜在问题浮现前将其找出并采取及时的措施，帮助企业分析人才绩效和潜力以及流失风险，从而提升人力资本价值，进而提升企业的竞争优势。

6. 互动性

HCM 云提供 Oracle Social Network，集成社交网络，实现员工互联，有助于更好地通过员工关系来提升沟通、学习和处理事务的效率，并可以由社交反馈更好地了解员工绩效。

（三）重要的战略部署

在云端服务不断普及的背景下，云服务供应商层出不穷，为了保持自身的先行者优势，Oracle 对自身的 HCM 产品不断进行改造升级，并利用战略部署成功让 Oracle HCM Cloud 具有了其他产品所无法模仿的竞争优势。在这一系列战略部署中，最具前瞻思维的社交云计划（Social Cloud）是甲骨文公司令人眼前一亮的一项举措。

甲骨文 HCM 战略副总裁 Gretchen Alarcon 提到，过去几年中人力资源管理发生了许多变化，原本作为重点议题的招聘、业绩、薪酬管理等流程模块更多已转变成了人力资源管理中的基础部分，而如何管理内部的员工这一议题受到了越来越多的关注。如何提高企业与员工之间的交流，让员工的工作热情高涨，提高他们的工作积极性、效率和满意度，成了人力资源管理者们的新挑战。基于这样的变化，升级 HCM 系统的新战略将原本员工的合规性功能之外的需求放在更重要的层面去考虑。

（四）员工社交及其作用

国内学者刘追等于 2014 年研究发现，移动人力资源管理能够注重员工与企业间的情感培养，才能为企业赢得竞争优势。企业中的员工社交网络不同于微信、微博甚至 LinkedIN 这些大众网络，它无须构建便已然存在于从一群员工聚集在企业开始工作那一刻起。作为工作环境中的一部分，员工的社交在新的时代下也产生了巨大变化，互联网应用领域的不断扩展让物理限制不断消减，企业内部的日常社交与信息传递也越发倚重于便捷的网络：从项目组之间互传文化、交流想法，到网络视频会议，再到员工内部兴趣组织等。而打造一个专属企业内部交流的内联网络，除了可以使日常运行中共享文件、信息等更安全快捷地送达，还可以进一步简化社交，促进员工交流，激发团队合作和创新。然而，由于增强社交所带来的收益属于隐形资产，难以核算出具体的投资回报率，许多管理者并没有将其置于战略重点进行考虑。

从员工角度来看，一个有效的企业社交网络可以帮助员工时刻保持联系，从而促进他们的合作，并在工作遇到困难时让员工更快找到指导，与同事沟通过程中也进行了特殊的无形内部学习，增强的交流频率可以产生头脑风暴般的效果，从而激发创新，也更好地增加了工作参与。同时，线上的沟通与文件传递可以将原本集中且稀缺的企业资源共享，提升工作效率，而最重要的是，正如许多研究提到的那样，组织内部的沟通与合作更有利于员工产生归属感，进而提升员工的幸福感与满意度。

而对于企业自身来讲，增强社交的优势也显而易见，除了提升员工满意度，降低离职率之外，社交平台为企业打造了一个横跨整个组织的合作平台，一个新想法可以瞬间传递给整个企业，从而激荡出更多的想法与创新。并且，作为内部的社交工具，Social Cloud 能够更好地收集并存储这些员工在工作过程中收获的新想法、知识与技能，并通过智能系统对这些巨量数据进行分析提炼，真正实现了大数据时代从数据到知识的转化。

（五）社交云计划（Social Cloud）

甲骨文公司认为，社交协作可以支持企业各个方面的运营，结合到人力资源管理的关键策略，其主要依靠支持传统六大模块中的招聘、绩效与培训来为整个人力资源管理系统助力。与此同时，社交计划还关注到了传统人力资源管理六大模块之外的新领域：员工档案管理，并认为其是新时代下最重要的议题之一，因为这种管理将关注点放在雇员本身及其经历、技能、性格等的分析上，将人放回了管理的中心。甲骨文团队认为，档案的存在是组织成员共同工作时最需要的部分之一，却也最容易被忽略，大多数企业都没有战略性地管理其员工的档案。而通过 HCM 云的系统与社交计划，整个企业的全面准确的档案都将得以建立。由此，甲骨文制定了社交 HCM 应用的基本框架（见图 3–1）。

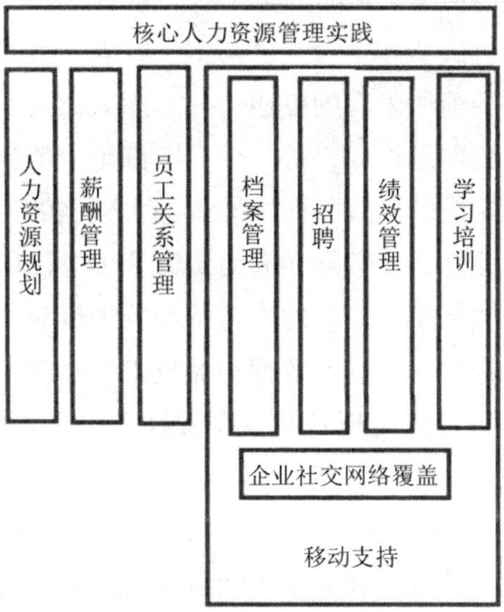

图 3–1　社交型人才资源管理应用框架

在甲骨文看来，整个人力资源管理的运行是一个整体的系统性行为，下面就主要以招聘模块为切入，介绍一下甲骨文的社交云理念在整个人力资源中的作用机制。

人才是当今情境下的核心资源，企业之间寻找优秀人才的竞争从未停过。在茫茫人海中找到最合适的人才往往是一件极其费时费力的工作，而简化此过程的一种绝佳途径就是合理利用有关人士的人脉和评价，即社交招聘。所谓社交招聘就是利用社交媒体和网络，找寻合适的人才并吸引他们加入组织。在互联网领域，以 LinkedIn 为代表的社交招聘已然兴起，并进入了爆炸性时代。

甲骨文的社交系统就添加了社交媒体招聘的模式，开发者们认为，找到最合适企业的优质员工，一个绝佳的方法就是利用企业中已存在的合适员工的人脉关系，他们往往更容易认识与其学科背景、实力以及意愿价值观相近的人力资源。而社交系统中的 Oracle Social Sourcing Cloud 则整合了整个互联网情境下的招聘：不仅可以一键在所有招聘网站发布信息，更可以利用企业本身员工的社交资源，以更精准地挖掘到优秀员工。例如，当公司需要一个新的岗位时，社交云系统可以通过公司内部的平台告诉员工，由内部的员工通过自己的社交媒体，如微博、微信、LinkedIn 等渠道，帮助企业去发招聘启事，而且系统可以进行持续的跟踪。HCM 系统中的 Work force Reputation（工作团队的声誉）有一项功能，即在员工自己授权许可后，通过人力资源管理系统分享其在所有的社交媒体分享的信息，系统可以利用这项功能，可以分析出哪些员工发出去的招聘广告是可信赖的，并智能化地提取关键信息汇总成社交招聘的有利措施，为今后社交招聘的持续开展提供参考。同时，这些存在于企业系统中的社交媒体信息又是一种特殊而珍贵的档案，它们被智能化分析后将作为评估员工能力的参考，其往往能更全面地反映员工的隐藏的个性，进而成为绩效管理、培训开发时的有价值信息，从而为整个人力资源管理闭环服务。

本节通过谷歌的数据分析团队和甲骨文公司提供的人力资源大数据解决方案，展现了大数据给人力资源管理带来的前所未有的机遇：一方面人力资源管理数据能力的升级；另一方面是人力资源管理无边界网的形成，每一个员工都是价值创造者，能够为企业创造价值。但是，伴随机遇的也是空前的挑战，前文提到的大数据的人才问题和安全问题始终伴随着大数据的应用和发展。此外，大数据在人力资源管理方面的挑战还表现为当前大数据在人力资源部门的实际应用效果不佳。有的人力资源管理者对于大数据还存在着误解。在人力资源管理部门的现实工作中，尽管大数据相关技术已经在人力资源管理工作中得以应用，但是也有专家提出“人力资源管理者并没有做好迎接大数据时代的准备”，除了人才的缺乏，还体现在对于大数据相关技术的质疑。2013 年 6 月，《纽约时报》发表文章，介绍了谷歌公司进行的一项关于面试官招聘能力的研究。谷歌公司研究者用数据分析的方法，在一万次面试中，试图对面试官的评分与面试者实际工作表现之间的关系进行研究。然而令人沮丧的是，研究发现评分与面试者工作表现竟然没有相关关系，这有悖于人力资源管理招聘面试选拔人才的初衷。有人质疑大数据的纯粹基于数据的分析与逻辑做出的判断是否真的能反映现实，这对于人力资源管理中应用大数据分析无疑是不小的挑战。因此，关于人力资源管理的大数据分析挖掘的工具和技术的开发，其落脚点还是对数据科学人才的吸纳、培养、激励与保留。

大数据时代即为我们正在经历的信息革命，其对于人类生活的方方面面的影响都是极为深刻的。“商务智能”可以说是大数据发展的现今前沿，企业作为信息技术利用的排头兵，正是利用商务智能及其相关技术完成了“数据信息知识利润”的价值创造过程。具体到人力资源部门，这场革命的深刻性更是不言而喻。大数据为人力资源管理带来各种便利与创新理念的同时，其挑战性也是空前的。同时也应看到，相比于国外，国内人力资源管理对于大数据的应用仍然停留在较初步阶段，对于大数据与人力资源管理方面的实证分析也很少。

第四章　企业物流管理创新与实践

第一节　物流管理概述

一、物流管理的定义

物流管理（Logistics Management）是指在社会再生产过程中，根据物质资料实体流动的规律，应用管理的基本原理和科学方法，对物流活动进行计划、组织、指挥、协调、控制和监督，使各项物流活动实现最佳的协调与配合，以降低物流成本，提高物流效率和经济效益。现代物流管理是建立在系统论、信息论和控制论的基础上的。

二、物流管理的特点

其一，以实现客户满意为第一目标；

其二，以企业整体最优为目的；

其三，以信息为中心；

其四，重效率更重效果。

三、物流管理的基本内容

（一）物流作业管理

物流作业管理是指对物流活动或功能要素的管理，主要包括运输与配送管理、仓储与物料管理、包装管理、装卸搬运管理、流通加工管理、物流信息管理等。

（二）物流战略管理

物流战略管理(Logistics Strategy Management ）是对企业的物流活动实行的总体性管理，是企业制定、实施、控制和评价物流战略的一系列管理决策与行动，其核心问题是使企业的物流活动与环境相适应，以实现物流的长期、可持续发展。

（三）物流成本管理

物流成本管理是指有关物流成本方面的一切管理工作的总称，即对物流成本所进行的计划、组织、指挥、监督和调控。物流成本管理的主要内容包括物流成本核算、物流成本预测、物流成本计划、物流成本决策、物流成本分析、物流成本控制等。

（四）物流服务管理

所谓物流服务，是指物流企业或企业的物流部门从处理客户订货开始，直至商品送交客户过程中，为满足客户的要求，有效地完成商品供应，减轻客户的物流作业负荷，所进行的全部活动。

（五）物流组织与人力资源管理

物流组织是指专门从事物流经营和管理活动的组织机构，既包括企业内部的物流管理和运作部门、企业间的物流联盟组织，也包括从事物流及其中介服务的部门、企业以及政府物流管理机构。

（六）供应链管理

供应链管理（Supply Chain Management)，是用系统的观点通过对供应链中的物流、信息流和资金流进行设计、规划、控制与优化，以寻求建立供、产、销企业以及客户间的战略合作伙伴关系，最大程度地减少内耗与浪费，实现供应链整体效率的最优化，并保证供应链成员取得相应的绩效和利益，来满足顾客需求的整个管理过程。

四、物流管理系统

（一）物流管理系统结构设计

物流管理系统是信息的主要组成部分，对物流信息经过收集、储存、加工、处理和传输来实现对物流活动的有效控制和管理，并通过对数据的挖掘、分析，为物流企业提供战略规划、沟通协调、运营管理、行为分析和决策支持的交互系统。系统由基础管理、仓储管理、销售管理和结算管理四大子系统构成，主要功能有以下几个方面。

1. 基础管理

对货主进行身份注册、验证、注销等管理，及时将产品物流相关信息通过网页、论坛、微博、微信等方式进行发布。基础管理保证物流管理的操作和有效的运行。

2. 仓储管理

对仓库内的物资进行入库、出库、作业、流程、安全和库存进行管理，根据销售管理系统提供的数据，对库存进行补货或订货劝告，适时适量调整订货的信息。仓储管理是物流管理系统的功能模块，实现企业及货主对仓库状况相关信息的实时掌握，不盲目地进行进货，保证仓库安全等事宜。

3. 销售管理

对订货信息的完整及其准确度进行校验，并对订单的相关制约条件进行审查。根据销售的产品、销售情况和客户询价情况，及时反馈给仓储管理系统，适当控制存库。销售管理是物流管理系统的功能模块，利于企业及其使用者掌握销售信息，做出正确的决定，降低商业风险。

4. 结算管理

对合同进行管理，对合同的订立、履行、解除、转让等情况进行管理。根据数据分析结果、客户行为分析和市场导向，合理设定费率和费用，并根据设定的费率和费用，计算相关产品物流管理费用。合同管理是物流管理系统的一个至关重要的模块，有效地帮助企业完成规避风险等重要事宜。物流管理系统如图 4–1 所示。

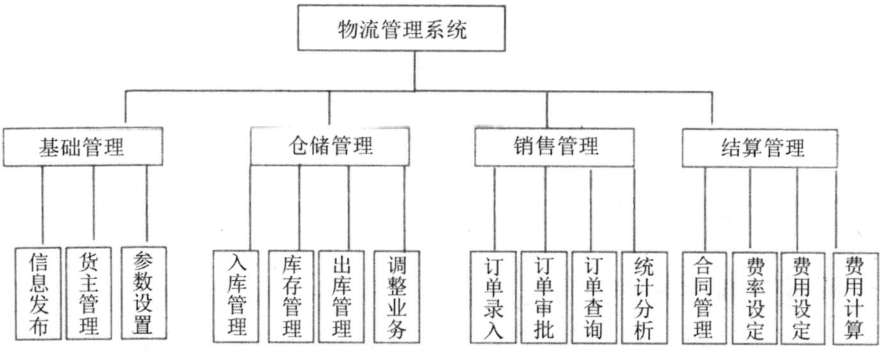

图 4–1　物流管理系统

（二）物流管理系统工作流程

1. 信息采集

物流管理系统首先通过 GPS、无线射频、条码扫描等方式，从运输载体、人员、货物中实时采集数据输入系统中，在处理之前，保存在系统数据库中，以保证数据的完整性、实时性和准确性。

2. 信息处理

有些数据在处理之后还有利用价值，要将其保存下来，以供以后分析使用。同时，物流数据在系统中，要准确、及时地传输到各个职能环节，保证数据的使用价值。之后，系统将输入的数据加工处理成系统所需要的物流信息，并进行数据挖掘、分析和利用，形成大数据价值链。

3. 信息发布

信息发布是通过网站、微博、微信等方式实现物流信息发布，力求在输出形式上易读易懂，直观醒目。工作流程如图 4–2 所示。

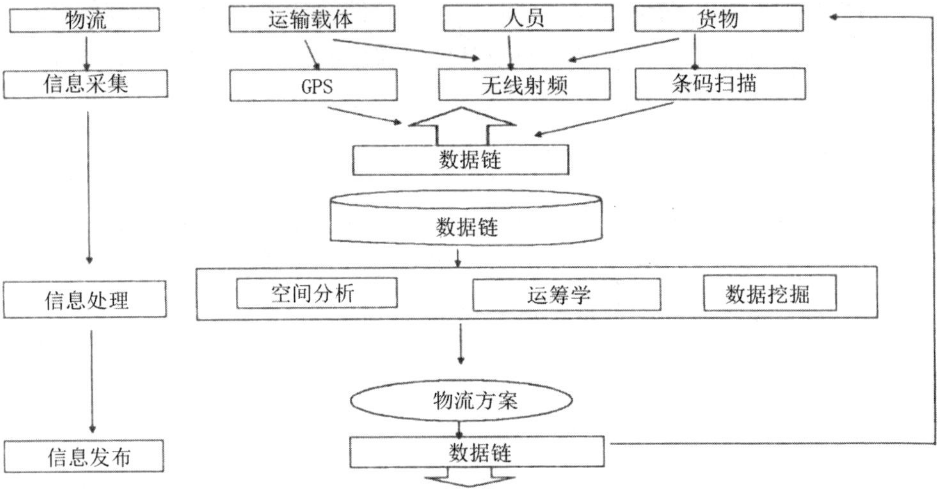

图 4–2　物流管理工作流程

三、目前物流管理的基本现状

（一）企业对物流管理没有足够重视

目前很多企业对物流的管理理解不深，认为物流管理只是简单的运输和仓储，忽略了现代物流管理的重要目标，即最大限度地满足顾客要求，提高企业经济效益。随着社会经济分工的细化，客户对物流服务的要求也越来越高，追求个性化与多样化的服务。企业对物流管理的不重视，会使企业物流管理缺乏宏观上的把握，管理松懈，不利于提高物流服务的质量。

（二）企业物流基础设施陈旧落后

大多数企业的物流基础设施没有足够的资金投入，也没有纳入企业的发展战略之中，在物流管理方面也没有引起足够的重视，最终导致物流设施的陈旧、落后，企业的物流基础也得不到完善。企业规划时多数是以生产为主线的，没能在整体上考虑物流基础设施，最终导致企业内部存在交叉作业，无效运输、移动等现象。很多企业不借助第三方物流来实现运输，依靠自身经营物流，而自营物流硬件设施不完善，在此情况下，就需要人力来完成物流过程。

（三）企业物流管理机构设置不当，部门协调不充分

我国企业在物流管理方面还没有建立专门的物流管理部门，当然也就谈不上对物流管理系统中的每一个环节的规划和管理，这使得物流管理系统分散，不利于企业物流的整合。职能分散还会使得企业在采购、生产、运输、仓储等方面很难同时达到规模经济，造成资源浪费。

（四）企业物流管理中信息技术落后

目前，我国物流管理水平相对较低，手段比较单一，现代信息化技术在管理中没有得到充分的应用，对网络信息技术的应用还停留在低级阶段，信息技术网络还不健全，不利于及时反映出物流服务的需求信息。有一些企业在物流管理中也配备了信息系统，但只在物流过程中的几个环节使用，还没有有效地实现物流供应链信息集成。

（五）物流管理专业人才短缺

物流是一种综合性强、技术含量高、覆盖范围广的行业，所以其对物流管理人员的专业素质要求也就比较高，除熟悉物流管理环节外，还要有必备的物流管理专业知识，并且精通物流各环节技术运作。特别是随着国际物流系统的形成，现代企业急需的是熟知电子商务、海关业务、进出口贸易、国际法、供应链管理、采购系统等方面的复合型物流管理人才。但目前，我国企业在物流管理方面还缺乏专业技能人才，和现代物流企业现代化建设差距较大。尤其一些中小型企业不重视物流管理，也没有计划性地培养专业人才，造成了人才短缺的现象。再者，我国职业教育培训体系相对落后，使得专业的物流管理人才数量远远不能满足市场的需求，阻碍了我国企业物流管理的发展。

（六）物流管理技术落后

当今世界，企业的竞争是综合实力的竞争。物流职能是企业主要职能之一，因此被誉为“第三方利润源泉”，也受到了越来越多企业的关注。物流过程实质上是“物流、资金流和信息流”的“三流一体化”过程，只有将三者有效地结合，才能真正达到降低流通成本、提高物流工作效率的目的。因此，信息化管理已成为现代企业的基本模式，企业的物流管理信息化已大势所趋。然而我国大多数企业信息收集、处理的效率非常低，很多企业停留在纸笔时代，有些企业配备了电脑，但是没有形成系统，更没有形成网络。信息对企

业来说非常重要，它是协调各部门的基础。信息技术被视为是提高生产率和竞争力的主要手段，它在不断地提高速度和能力，同时又在降低成本。新技术日新月异，现在被广泛应用的有电子数据交换（EDI）、个人计算机、人工智能/专家系统、通信、条形码和扫描技术，这些在中国企业中的应用都很低。我国国民经济已经历了多年的高速发展，积累了雄厚的物质基础，各主要行业的标准化建设，也已形成各自的一套体系，而这些体系的形成，并没有考虑到现代物流发展的需要。现有技术标准存在多方面的差异，制约了物流的协调运作，突出表现在托盘、包装、信息技术等通用设备与技术上面。铁路、公路、海运、民航、工业部门物流系统，都有自己的或选择不同的物流标准，形式多样，版本不一。除了经济上的直接损失，还造成人力、时间、效率等方面无法估算的损失。物流标准化的市场基础比较薄弱，直接影响到物流标准化的实施。国家标准《储运单元条码》颁布后，实际应用正确率不足15%，没有实现规范物流条码的预期目的。如我国集装箱运输仅占总货运量的20%，而世界平均水平是65%。

（七）传统的数据处理技术满足不了现在的需求

现代物流与传统物流的最本质区别就是对现代信息技术的应用。现代物流离不开计算机网络技术和信息技术的支撑，要具有系统化、信息化、自动化、网络化、智能化、标准化、社会化的几个基本特征。中国的物流尚没有以现代信息技术为基础，把运输、包装、储存、流通加工、配送、信息处理等功能结合起来，形成一个高效、畅通的综合物流体系。近年来，信息技术开始在物流领域开始应用和发展。但由于历史的以及现代发展的种种原因，比如物流不被重视，从业人员素质较低，电脑应用较少，对信息化的意识不强等，我国物流的总体信息化程度还比较低，全国范围内尚未构成有机协调的物流网络体系。因此应用数据挖掘对现代企业物流管理决策进行研究具有非常重要的意义。

四、企业物流管理创新策略

（一）物流服务理念的创新

1. 导入先进的物流服务理念

物流的核心观念是服务理念。要学习先进的物流运作方法，首先必须要掌握先进的物流理念，即客户服务（CS）的理念或客户价值（CV）的理念。

2. 物流服务内容的创新

由于顾客在服务、价值等方面的期望越来越高，物流管理必须以顾客为导向，重新定义和设计物流顾客化服务的内容，在运输、仓储、配送等功能性服务基础上不断创新服务内容，为顾客提供差异化、个性化物流服务。

3. 物流服务方式的创新

企业要自始至终参与客户的物流管理运作。通过与客户建立有效的沟通渠道，变传统的与客户“一单一结”的拣选交易方式为与客户共同制订物流解决方案的现代服务方式。

（二）企业物流组织创新

1. 物流组织由智能化向一体化转变

一体化的物流组织打破了以劳动分工和职能专业化为基础的物流管理方式，将采购、储运、配送和物料管理等物流活动组合成一个一体化的组织单元，形成企业内部一体化物流组织框架。

2. 建立以流程为导向的水平组织结构

针对传统企业物流活动固有的效率损失，现代企业物流组织必须由过去的职能型转变为以顾客为中心的流程导向型，并把组织内部非增值活动压缩到最少，从而实现企业经营在成本、质量、服务和速度方面的改善。

3. 物流组织虚拟化

虚拟组织就是把已有的任务导向型企业和资源导向型企业网络组织进行有机结合，使其具有快速响应市场变化的能力，组织灵活性强，易于分散物流风险。

4. 缔结物流战略联盟，以供应链的整体优势参与竞争

物流战略联盟也是为有效利用组织和市场双重优势的一种组织创新。通过合作成为核心企业长期的、稳定的战略伙伴，以供应链的整体优势参与国内、国际竞争，提高中国产品在国内、国际市场的竞争能力和市场份额，同时又实现互惠互利。

（三）物流管理技术创新

1. 使用高科技物流设施、设备，改善物流管理技术

我国企业要抓住机遇，在积极发展物流的同时，积极引进国外的资金、先进技术、管理经验改造我们的物流设施、设备，包括定货、采购、维修、服务、交易、存储、运输等各个环节。

2. 利用信息网络技术优化供应链管理

我国企业物流管理创新应以网络和电子商务为依托，通过集约化、现代化管理，改造传统物流业务流程，利用ERP、BTB、BTC和CRM、WEB技术将上下游企业组成一个动态的、虚拟的、全球网络化的供应链网络。

3. 以物流管理信息化带动物流管理现代化

现代化的物流管理主要体现在物流信息化的开发与应用上。为此，企业应加大投入，

建立计算机支持的物流信息系统。此外，多媒体技术也在物流活动中大显身手，实现可视化的货品排库功能，还为客户提供物品运送的实时查询。

（四）物流管理体制创新

必须建立健全新型的物流管理体制，并辅之以合理的运行机制，从企业组织上保证物流管理职能始终贯穿于物流服务的建设、计划、组织、协调等方面。

（五）重视物流人才的培养

企业必须大力培育现代物流管理人才，加强与管理咨询公司的通力合作，积极参加咨询公司组织举办的高水平物流培训班，培养一批高级物流技术人才；建立物流操作示范区，培养技术骨干，并努力在物流方向建立人员竞争机制，优胜劣汰；加强理论与实际工作者的广泛交流，加强对发达国家物流管理先进经验的学习和借鉴，培养一批具有创新能力的物流管理人才。

第二节　大数据在物流管理系统中的应用

物流管理系统产生的数据分散存储，数据模型不统一，标准化程度低，无法支持非结构化和半结构化数据处理，对数据未能实现有效的商业利用，给予大数据的物流管理系统构建数据集中、数据模型标准化、数据统一存储和处理、多结构化数据处理的模式。对产品搜索引擎和询价日志进行收集并管理，对海量数据进行计算和分布式处理，实现海量管理系统数据的实时快速加载、实时复杂查询和数据的实时入库，结合用户上网日志和互联网网页内容，进行深度数据挖掘和分析，为企业把握用户行为偏好、改善用户体验、精准行销、进行产品竞争力分析提供数据支持。

一、物流管理系统数据库

（一）Hadoop 介绍

MapReduce 模式，其中心思想就是分而治之。MapReduce 集群由普通 PC 机构成，为无共享式架构。在处理之前，将数据集分布至各个节点。处理时，每个节点就近读取本地存储的数据处理，将处理后的数据进行合并、排序后再分发至 Reduce 节点，避免了大量数据的传输，提高了处理效率。无共享式架构的另一个好处是配合复制策略，集群可以具有良好的容错性，一部分节点的死机不会对集群的正常工作造成影响。

Hadoop 是一个基于 Java 的分布式密集数据处理和数据分析的软件框架。它是一个基于分布式系统（HDFS）及其分布式数据库（HBase）用来将数据存储或部署到各个计算节点。用我们通俗的数学语言来表述，其大致是：Hadoop = HDFS（文件系统，数据存储相关技术）+ HBas（数据库）+ MapReduce（数据处理）。其框架如表 4-1 所示。

表 4-1　Hadoop 框架结构

HDFSF 分布式文件系统	MapReduce API (Map，Reduce)
HBase 分布式数据库	

（二）HBase 分布式数据库

HBase 是一个分布式的、面向列的开源数据库，它不同于一般的关系数据库，是一个适合于非结构化数据存储的数据库。另一个不同的是 HBase 基于列而不是基于行的模式。HBase 使用和 BigTable 非常相同的数据模型：用户存储数据行在一个表里，一个数据行拥有一个可选择的键和任意数量的列，一个或多个列组成一个 Column Family，一个 Fmaily 下的列位于一个 HFile 中，易于缓存数据。

（三）物流管理系统数据库

系统采取以 Hadoop 为代表的 NoSQL 数据库技术和基于 SQL 的分布式数据库技术，采用 Hadoop 和数据仓库混搭的方式，对结构化和非结构化的海量数据和复杂数据进行存储与处理。将结构化、不需关联分析、查询较少的数据保存在 NoSQL 数据库或 Hadoop 平台中；将结构化、需要关联分析或经常查询的数据保存在关系型数据库中，短期高价值数据放在高性能平台，中长期的数据放在低成本平台中，以实现数据高效率低成本的存储和处理。Hbase 模型如图 4-3 所示。

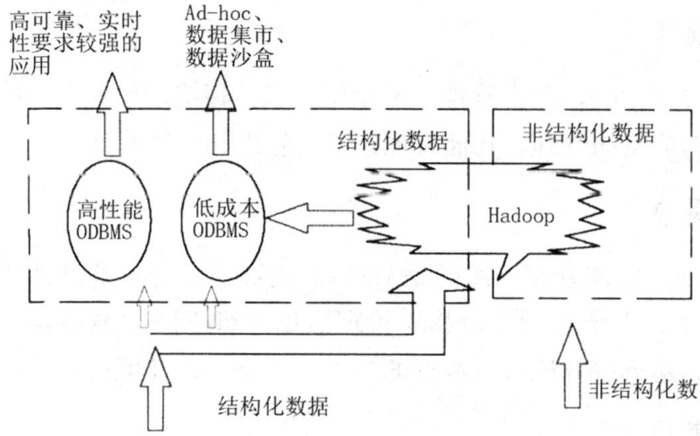

图 4-3　Hadoop 模型

二、物流管理系统中大数据技术的应用

物流销售管理系统中的统计分析子系统通过对用户信息提取、访问热点分析、产品竞争力对比分析，结合用户上网日志及互联网网页内容，对客户进行细分，分析用户决策因素、购物偏好、价格承受范围，为准确把握用户购买心理、产品发展趋势、企业战略规划、系统运营管理提供决策支持。子系统如图 4–4 所示。

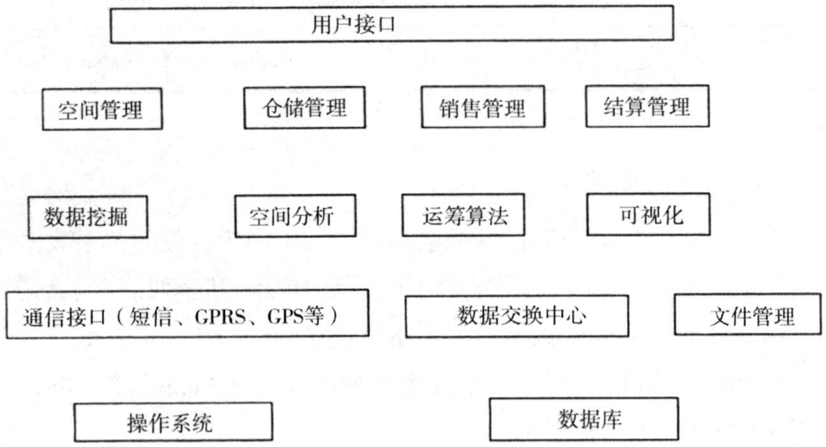

图 4–4 物流销售分析中的大数据运用

上图所示，即物流管理大数据的架构，在此来一一剖析与解读。物流管理大数据的架构，从上至下分为 5 个层次，其分别是：用户接口、分类模块、计算模块、存储模块、查询模块。

（一）用户接口

用来与用户对接，方便使用者管理运用，也是数据的来源，在这个模块上产生输入数据。

（二）分类模块

数据由此进入存储中心，分类管理。利用用户接口传输来的数据再传送到下面的计算模块。分门别类地对应空间管理、仓储管理、销售管理和结算管理。

（三）计算模块

在这个计算模块，物流管理采用的是 Hadoop 集群，这个集群是计算模块的主要组成部分。在这个集群上，系统每天会对物流管理数据进行不同的 MapReduce 计算。利用数据挖掘、空间分析、运筹等算法进行数据的分类、整合，以及可视化的处理。

（四）存储模块

在存储模块，采用HBase分布式关系型数据库的集群，是基于Hadoop、HBase技术的

一个NoSQL的存储集群，其中还包括了数据交换中心和分布式文件系统（HDFSF）。

（五）查询模块

在这一模块，通过操作系统和数据库对经过大数据技术处理的数据进行查询、分析。

三、大数据应用于物流管理的重要意义

（一）降低物流成本

大数据技术应用于物流管理决策可以提高物品流通速度，降低物流成本。尤其对一些特定产品来说，对时间、新鲜程度的要求很高，发展现代物流，关键是能够充分运用专业化现代化的运输工具迅速及时地运往消费地，提高商品流通速度，降低商品积压在产地所占据的成本，同时通过大规模的作业降低作业成本，减少多次装卸搬运所产生的产品破损，从而有效地降低物流成本）

（二）提升商品价值

大数据技术应用于现代物流管理决策可以促进专业化物流增值服务。提升产品价值是提高国际竞争力的需要。有些商品本身的价值不高，可以通过发展专业的第三方物流组织，为商品提供专业的物流增值服务，来发掘商品的内在价值。现实中，我国不少商品不仅在质量和外观上缺乏竞争力，而且在流通过程中的产品配送和分销能力不足，交易成本高，损耗和浪费大。大数据应用于现代物流管理决策就是使商品通过低成本、高效率的物流体系送达消费者手中。此外，应用大数据技术对现代企业物流管理决策进行研究也是发展物流产业和降低物流成本的需要，有利于大大提高企业的收入。应用大数据技术对现代物流管理决策不仅可以进行集约化物流，在一定范围内实现物流合理化，从而大量节约物流费用；而且可以节约大量的社会流动资金，实现资金流动的合理性，既提高经济效益，又提高社会效益。显然，完善和发展现代物流是流通国际化，缩小同发达国家之间的差距和提高我国国际竞争力的必要手段。

（三）做出科学决策

物流管理的信息化、网络化发展到一定程度就产生了智能化的需要，因此物流管理的智能化是对物流信息化、网络化的高层应用。物流管理中，不管是管理部门还是生产经营单位，不管是产品配送企业还是商户，都涉及运筹和决策的问题，例如产品储存库存水平的确定，运输路线的选择，产品配送中心的经营管理等决策问题都需要借助大量的管理知识、经验和信息来解决。物流管理的智能化就需要有一系列智能的物流管理信息系统的支持，如物流专家系统、物流预测系统、物流配送中心管理决策系统等。当今的一些物流管理信息系统只为管理者提供普通的业务处理数据和简单的分析数据，不具备数据挖掘和知

识发现的功能，不能提供立体的、多视角的、有渗透力的数据，更不能提供具有预测性的潜在的信息，不能满足物流网络中各个层次的实时需要。基于大数据的物流管理信息系统可以把相应的业务数据提取出来进行分析，分析过程可以不脱离物流企业和客户的操作流程，时效性强，可以克服在管理决策中出现的大量的主观决策，避免产生牛鞭效应。

（四）有利于物流产业化升级

将数据挖掘应用到物流管理决策中，不仅增强了物流系统的功能，可以实现物流结构的调整，利于物流产业良性升级，减少人工投入量；而且在物流园区、物流中心的建设，库存控制和运输配送等方面建立起能够有效控制的运行机制，使物流体系能够适应市场的变化，提高物流系统的效率和决策的准确性。另外，企业领导和管理部门可以将其所掌握的信息转化为决策的依据，提高决策能力、决策效力和决策准确性，减少决策过程中的主观因素，克服决策中的主观随意性和盲目性，减少因决策失误而造成的经济损失。

第三节　大数据在物流管理中的应用案例——亚马逊公司

一、公司概况

亚马逊公司（Amazon）是美国最大的一家网络电子商务公司，是网络上最早开始经营电子商务的公司之一，位于华盛顿州的西雅图。亚马逊成立于 1994 年，一开始只经营网络的书籍销售业务，现在则扩及了范围相当广的其他产品，已成为全球商品品种最多的网上零售商和全球第二大互联网企业，在公司名下，也包括了 Alexa Internet、A9、Lab126、和互联网电影数据库（Internet Movie Database，IMDb）等子公司。

亚马逊坚持走自建物流方向，将集成物流与大数据紧紧相连。在亚马逊 20 多年的历史中，自建物流不但是其发展过程中的关键环节，也与大数据挖掘结合在一起，帮助亚马逊在营销方面实现更大的价值。由亚马逊强大技术支持的智能物流系统是其价值链扩张的重要部分，使其在整条产业链上建立竞争优势。

亚马逊还将“物流免费”作为营销手段，其基础正是在于其对市场的把握和分析。在电子商务经营处于“高天滚滚寒流急”的危难时刻，亚马逊独辟蹊径，三次大胆地将免费送货作为促销手段，并且不断降低免费送货服务的门槛。薄利多销、低价竞争，以物流的代价去占领市场，招揽顾客，扩大市场份额。显然此项策略是正确的，因为抓住了问题的实质。当然这项经营策略也是有风险的。

亚马逊重视物流集成系统的发展。完善的物流系统是决定电子商务生存与发展的命脉。由于亚马逊有完善、优化的物流系统作为保障，它才能将物流作为促销的手段，并有能力严格地控制物流成本和有效地进行物流过程的组织运作。

二、公司产品与物流集成服务

亚马逊及其他销售商为客户提供数百万种独特的全新、翻新及二手商品，如图片、影视、音乐和游戏、数码下载、电子和电脑、家居园艺用品、玩具、婴幼儿用品、食品、服饰、鞋类和珠宝、健康和个人护理用品、体育及户外用品、玩具、汽车及工业产品等。公司依托物流集成服务通过物流中心、桔子机器人、外部卖家和拣货流程等系列服务，提高产品市场率和顾客满意度。

（一）物流中心

2013 年，亚马逊花费约 46 亿美元建设了 17 个物流中心，并尽其所能地从中节约每一分钱。亚马逊在美国菲尼克斯建有 120 万平方英尺的仓库，借助手机程序的帮助，这里的员工都可以最大程度地发挥空间利用效率，即使是在 1 英寸的地方。尽管亚马逊 2014 年的收入增长了 41%，但营业费用的增幅也高达 44%，导致利润率下滑 2.3 个百分点，部分源于这些物流中心的庞大开支。为了扭转局势，亚马逊正在扩大产品和服务范围，以便这些巨大的仓库能够成为利润枢纽。

（二）桔子机器人

桔子机器人可以在货架下穿梭，还能搬运产品，加快订单履行速度。对物流中心的投资成为亚马逊 2013 年最大的一笔营业费用，在销售额中的占比达到 9.5%，这也使得该公司的仓库总数达到 69 个。为了进一步推动物流业务的自动化进程，亚马逊斥资 7.75 亿美元收购仓库机器人制造商 Kiva Systems，亚马逊旗下拥有 Soap.com 和 Diapers.com 两大购物网站的 Quidsi 已经开始使用这种设备。使用亚马逊仓库和配送服务的第三方商家也推动了该公司的扩张。

（三）外部卖家

通过亚马逊出售商品的外部卖家，给该公司带来了更高的利润率。亚马逊会从第三方商家出售的商品中抽取一定的佣金通常约 10%，这部分佣金全部计入利润。如果合作伙伴选择通过亚马逊的仓库履行订单，还要交纳一定的费用。但鉴于亚马逊控制了整个体验，所以可以确保消费者得到始终如一的高速物流服务，而且完全没有库存风险。

（四）拣货流程

要从仓库中取出商品，首先由一组名为“充填工”的工人把商品塞进由塑料隔开的储物格内，经过电脑的计算，这些储物格的空间效率实现了最大化。亚马逊物流配送环节中，将以最高效率往来于货架之间，并将货物依次摆放到传送带上，等待打包和配送。通过先进的仓储服务，亚马逊 2013 年多实现了 1000 万美元的销售额。

三、亚马逊的大数据技术案例分析

（一）亚马逊的大数据业务

亚马逊的业务主要包括了三大方面：电商平台，包括自有产品的电子商务、第三方卖家及对一些成员的特殊服务；KINDLE、数字内容等；云服务。以电子商务起家的亚马逊，由电子书发家，由云服务推动企业更进一步发展，以企业云平台闻名于世。

由于大数据技术的日渐成熟，亚马逊慢慢变为大数据行业的排头兵。亚马逊推出过一系列大数据产品，其中包括基于 Hadoop 的 Elastic MapReduce、DynamoDB 大数据数据库以及能够与 Amazon Web Services 顺利协作的 Redshift 规模化并行数据仓储方案。

（二）亚马逊的大数据平台开发

在亚马逊大数据计算开发的参与人员中，包括消费者、其他进驻卖家和亚马逊公司自身三大组成部分。尽管亚马逊属于整合平台的提供商，但亚马逊实际上身兼多职，涵盖了价值链的多个环节，同时担任了服务商和运输者等多个角色。亚马逊在智能物流方面的创举，对其营销能力的增强起到了辅助作用。

亚马逊凭借着对于顾客购买数据的多方位采集和挖掘，能够获得大量关于目标客户的信息。最后，在第三方卖家方面，亚马逊从数据的角度去研究商家需求，并与消费者数据相结合，同物流集成思想相结合，提高平台精准营销的能力。

亚马逊的大数据技术主要分为 4 个步骤。

1. 收集用户行为数据

用户使用亚马逊网站上发生的所有行为都会被亚马逊记录：如搜索、浏览、打分、点评、购买、使用减价券和退货等。亚马逊根据这些数据，不断勾画出每个用户的特征轮廓和需求，并以此为依据进行精准营销。

2. 整合用户行为数据

亚马逊强大之处还在于它可以整合用户行为数据和喜好，并挖掘用户的潜在需求，善于用各种形式的活动去获取用户的喜好和需求，比较典型的活动就是投票。一旦用户投票了，其观点、倾向或者兴趣爱好就暴露了，这个用户就被亚马逊打上了“标签”。

3. 个性化推荐营销服务

通过对所获行为信息的分析和理解亚马逊制定对客户的贴心服务及个性化推荐。这不仅可以提高客户购买的意愿，缩短购买的路径和时间，在恰当的时机捕获客户的最佳购买冲动，降低了传统营销方式对客户的无端骚扰。

4. 统计用户行为数据

给目标用户发送邮件后，用户是否打开了邮件，是否点击了邮件中的链接浏览促销产品，这些行为都会被持续跟踪下来就整个促销推广活动而言，这样既可以统计活动的效果，也可以为下次评估类似促销的活动提供历史依据。

（三）对亚马逊大数据技术的应用分析

亚马逊最先把大数据引入电商行业，应用大数据技术改变客户的体验，将大数据技术与智能物流、物流集成相结合。在亚马逊近 20 年的历史中，物流不但是其发展过程中的关键环节，也与大数据挖掘结合在一起，帮助亚马逊在物流集成方面实现更大的价值。由亚马逊强大技术支持的智能物流系统是其价值链扩张的重要部分，使其在整条产业链上建立竞争优势。

首先，亚马逊经由以云计算为依托的电商开放平台，通过客户数据收集、目标客户甄选、营销组合设计和营销信息推送 4 个步骤来实现精准营销。整个过程的核心在于对目标客户的准确定位，从而在分析客户偏好的基础上有针对性地发布营销信息。其次，有了数据分析系统的支撑，智能物流也得以发展。对于亚马逊这样一家秉承“客户至上”的企业来说，其智能物流方面的创新是其他电商企业难以企及的，物流的精准让消费者实现了更高层次的体验满足。

亚马逊依靠大数据技术及大型的系统运输能力作为支撑，在物流集成方面有以下创新之处。

1. 智能化预估系统

亚马逊的预估体系，在整个物流集成管理上起到了非常关键的作用。应用云计算的设备以及管理系统，亚马逊创建了智能化预估系统，对每个物流中心进行非常特别的管理方式，对仓储空间和配送路径进行相当精细的计算。亚马逊物流中心内的存货，不单单是同品种存放在一起，它们是乱七八糟地摆在一起，货物码放乱，但是乱中有序。亚马逊依据对技术投入的大数据可推知客户在买一样货物时有哪些可能同时购买的关联货物。由此，他们在供货、上架、储存的时候，会按照数据的分配相互交叉地储存，使空间得到最好的利用，同时在拿货的时候，取用最短距离。这使得亚马逊的上架效率极高，空间的利用率极高。亚马逊的下单，每一个对季节性产品的下单都会左右其数据如的支配，以及在库存里面的各个物流中心的储备，实时的调节库存，才可能使库房或者物流中心每一个空间得到最好的使用。

2. 智能化运输调拨系统

应用大数据技术，亚马逊实行全天侯全程时时监控运输网络。通过调拨、干线运输和最后一公里运输进行智能化管理实现“还未下单货在途”。购买亚马逊的产品，可以在网上看到一个配送时间的估算，这个估算是用大数据跟物流体系进行的连接，这个连接能够让亚马逊知道根据消费者的要求在什么时间送到，这个数据是在即时的情况下产生，消费者下单的时候会做出核算。亚马逊在美国、加拿大商品是跨境配送的，在中国实行的是全国配送。亚马逊配备了几大物流系统，像调拨线路，亚马逊采取智能调拨系统，在库房之间进行调拨，还有干线运输、第三方合作运输等多种方式。

3. 大数据、大系统出货能力

出货时，亚马逊也采用大数据技术、大系统的能力。通过系统进行动态订单的处理，信息化智能控制来更多拣货的路径，提高拣货效率。目前这个信息系统可以达到百分之百的送货率，而库存的准确率可以达到 99% 以上。

应用大数据技术，亚马逊在物流集成方面拥有以下 3 点创新之处。第一，通过智能物流系统，亚马逊可根据线上的销售情况，实时记录当前库存，并以客户的偏好为依据，预测下一期的销售目标，从而使库存始终保持在一个较低的水平。第二，除了对自身的物流管理，亚马逊大数据分析也与物流体系进行对接，将仓储物流服务与产品配送结合起来，定时或定点为消费者提供新鲜的产品和及时服务。借助终端 GPS 设备，送货员能够确定最优送货路线，在节省时间和财力的同时也为顾客提供了更优质的服务。第三，亚马逊物流中心预估和调拨的体系涵盖了云计算设备和管理系统。通过大数据的分析，各类存货按照数据分配进行相互交叉的储存，对空间实现最优利用；而根据季节不同，库存系统会自动转移产品，合理利用库房。换句话来说，数据分析相关的设施建设和信息挖掘是亚马逊精准营销的前提，而物流配送方面的创新则是对精准营销的效果巩固，最大层面上增强了客户体验。

第四节 Avnet 和 Glasfloss 公司

一、Avnet 公司

总部位于美国菲尼克斯的 Avnet 是一家全球性的电子元器件分销商，每年大概要处理 500 多万票的小型包裹运输交易。“每桩运输交易都会生成超过 50 列的数据，以及超过 2.5 亿的数据值。” Avnet 公司全球运输副总裁 Marianne McDonald 介绍说，这远远超过了该公司的数据处理能力，于是，他们选择了一家数据服务提供商，后者能够通过提供相关工具，帮助 Avnet 从运输数据中获取商业决策的依据和创新发展的思路。

这种工具包括提供关键业绩指标的报告，从而识别出那些发票错误信息最多的承运商。“这类信息使我们每季度都能与承运商见面，并且评估他们相较于其他承运商的业绩表现，” McDonald 说道。那些不注重改进绩效表现的承运商将会失去与 Avnet 公司合作的机会。

该工具还能够显示 Avnet 公司的业务部门在“次日达”“第三日送达”以及“三至五天达”等不同运输服务上的支出“我们可以从支出、百分比或服务水平等维度来准确描述和比较各种模式的优劣” McDonald 说道。在此基础上，她的团队就可以推荐更加经济的运输方式，譬如将一个“三天送达”服务调整为支出更少的“三至五天达”服务。关于运输模式的分析数据，还能够帮助 Avnet 公司与承运商进行更加有效的谈判。“由于我们准确地了解现在的运输模式和效果，这些数据能帮助我们进一步明确接下来的战略目标”。

最近，Avnet 公司还开始利用大数据来帮助决定全球分销中心的选址。“过去确定分销中心布局主要是将从不同信息源中得到的数据放入电子表格，是一项离线的、高强度的工作；现在则发展为一种由分析来驱动的方式，且智能化工具承担了其中 95% 的工作，” Avnet 公司负责全球物流与运营的首席官员 Mike Buseman 说道。利用技术对数字进行处理，使得规划团队能够将精力集中于确定发展战略。

二、Glasfloss 公司

Glasfloss 公司总部位于美国俄亥俄州兰卡斯特，主要生产用于加热和通风的空气过滤器以及空调系统。2013 年，Glasfloss 开始利用第三方物流供应商 Transportation Insight 公司的分析软件 InsightFusion 来实现其供应链的智能化。

InsightFusion 能够将来自不同供应链系统和外部来源（譬如运输管理体系、库房管理体系、资源规划以及生产等）的数据进行融合，同时还提供了一种实时查看所有完整供应链信息的路径。“数据来源和格式等因素已经不重要了，” Transportation Insight 负责信息技术的副总裁 Jim Taylor 认为，技术的发展，实现了轻易能对这些信息进行解读，还能将其放置于企业数据库中进行管理。InsightFusion 的用户能够通过门户网站、手机或者平板设备访问 InsightFusion 软件，获取有关运营情况的定制报告。Glasfloss 公司的生产运营经理 Greg Gardner 认为，该报告能够帮助公司显著改进物流运营。“它能够帮助我们将时间、精力和资金集中于那些对提升顾客满意度和提高盈利水平最为重要的领域。”

Glasfloss 的一个实践有力地证明了这一点。在 InsightFusion 软件的帮助下，公司发现了发往其中某个特定省份的货物量特别多。于是公司重新找了一家能够对该地区的运费提供优惠费率的承运商，从而节省了资金。

Glasfloss 还寻求对一些客户进行联合运输，以节省成本和改进服务。“如果对同一地区的客户同时发送三个小型包裹，我们会建议进行联合运输，即使可能导致包裹延迟一两天到达，”Gardner 解释道。有了 InsightFusion 软件以后，Gardner 决定将部分零担运输合并为经过两或三个站点的联合卡车运输。即使每多经过一个站点，公司都要为其支付额外费用，但总成本也比每个站点分别进行零担运输要少得多。

此外，Glasfloss从InsightFusion软件中获益最多的，是其对客户索赔情况进行筛查的功能。“我们发现一些特定省份的顾客索赔率要比其他省份高。经过深入的调查，我们发现，只要改善对其中一小部分顾客的运输方式，公司就能极大地减少顾客的货物损坏索赔率。”Gardner说道，“这个发现非常令人振奋，因为只要对有限的交易进行改善，就能取得较高的回报。”为了减少货物损坏，Glasfloss正在改进对部分客户的运输方式。“举个例子，如果我们发现货物比较松散，可能我们就会用托盘装运。如果我们发现承运商使用的车道或者运输路线不是很好，可能就会更换承运商。”Gardner介绍，对InsightFusion的利用已经帮助公司减少了36%的顾客索赔量，同时将60天的理赔结案率提高到了83%。

第五章　企业财务管理创新与实践

第一节　企业财务管理概论

一、基本介绍

财务管理（Financial Management）是在一定的整体目标下，关于资产的购置（投资），资本的融通（筹资）和经营中现金流量（营运资金），以及利润分配的管理。西方财务学主要由三大领域构成，即公司财务（Corporation Finance）、投资学（Investments）和宏观财务（Macro finance）。其中，公司财务在我国常被译为“公司理财学”或“企业财务管理”。企业财务管理是通过价值形态对企业资金运动进行决策、计划和控制的综合性管理。财务不同于其他部门，本身并不能创造什么价值，但由于企业财务管理是直接向管理层提供第一手的信息，因此，企业财务管理实际上是一个隐性的管理部门。企业财务管理的内容，包括固定资金管理、流动资金管理、销售收入和利润的管理、专用基金管理等。也有另一种观点认为，企业财务管理的主要内容为筹资管理、投资管理、营运资金管理以及利润分配管理。

在一个企业中，财务管理最重要的职能就是对生产经营活动发挥指导作用。财务部门最注重数据资料研究，财务人员得到数据后，利用自身专业的敏感度，能够迅速分析业务的变动情况，从而提升对于经济活动的洞察能力。财务对经营活动的支持程度加深，对整个企业的经营活动发展的支撑也进一步加大。

二、发展历史

企业财务管理大约起源于15世纪末16世纪初。当时西方社会正处于资本主义萌芽时期，地中海沿岸的许多商业城市出现了由公众入股的商业组织，入股的股东有商人、王公、大臣和市民等。商业股份经济的发展客观上要求企业合理预测资本需要量，有效筹集资本。但由于这时企业对资本的需要量并不是很大，筹资渠道和筹资方式比较单一，企业的筹资活动仅仅附属于商业经营管理，并没有形成独立的财务管理职业，这种情况一直持续到19世纪末20世纪初。

19世纪末20世纪初，工业革命的成功促进了企业规模的不断扩大、生产技术的重大改进和工商活动的进一步发展，股份公司迅速发展起来，并逐渐成为占主导地位的企业组织形式。股份公司的发展不仅引起了资本需求量的扩大，而且也使筹资的渠道和方式发生了重大变化，企业筹资活动得到进一步强化，如何筹集资本扩大经营，成为大多数企业关注的焦点。于是，许多公司纷纷建立了一个新的管理部门：财务管理部门，财务管理开始从企业管理中分离出来，成为一种独立的管理职业。当时公司财务管理的职能主要是预计资金需要量和筹措公司所需资金，融资是当时公司财务管理理论研究的根本任务。因此，这一时期称为融资财务管理时期或筹资财务管理时期。

这一时期的研究重点是筹资。主要财务研究成果有：1897年，美国财务学者格林（Green）出版了《公司财务》，详细阐述了公司资本的筹集问题，该书被认为是最早的财务著作之一；1910年，米德（Meade）出版了《公司财务》，主要研究企业如何最有效地筹集资本，该书为现代财务理论奠定了基础。

1929年爆发的世界性经济危机和30年代西方经济整体的不景气，造成众多企业破产，投资者损失严重。为保护投资人利益，西方各国政府加强了证券市场的法制管理。如美国1933年和1934年出台了《联邦证券法》和《证券交易法》，对公司证券融资做出严格的法律规定。此时财务管理面临的突出问题是金融市场制度与相关法律规定等问题。财务管理首先研究和解释各种法律法规，指导企业按照法律规定的要求，组建和合并公司，发行证券以筹集资本。因此，西方财务学家将这一时期称为“守法财务管理时期”或“法规描述时期（Descriptive Legalistic Period），这一时期的研究重点是法律法规和企业内部控制。主要财务研究成果有：美国洛弗（W.H.Lough）的《企业财务》，首先提出了企业财务除筹措资本外，还要对资本周转进行有效的管理；英国罗斯（T.G.Rose）的《企业内部财务论》，特别强调企业内部财务管理的重要性，认为对资本的有效运用是财务研究的重心。30年代后，财务管理的重点开始从扩张性的外部融资，向防御性的内部资金控制转移，各种财务目标和预算的确定、债务重组、资产评估、保持偿债能力等问题，开始成为这一时期财务管理研究的重要内容。

20世纪50年代以后，面对激烈的市场竞争和买方市场趋势的出现，财务经理普遍认识到，单纯靠扩大融资规模、增加产品产量已无法适应新的形势发展需要，财务经理的主要任务应是解决资金利用效率问题，公司内部的财务决策上升为最重要的问题，西方财务学家将这一时期称为"内部决策时期（Internal Decision—Making Period）"。在此期间，资金的时间价值引起财务经理的普遍关注，以固定资产投资决策为研究对象的资本预算方法，日益成熟财务管理的重心由重视外部融资转向注重资金在公司内部的合理配置，使公司财务管理发生了质的飞跃。由于这一时期资产管理成为财务管理的重中之重，因此称为资产财务管理时期。

20 世纪 50 年代后期，对公司整体价值的重视和研究，是财务管理理论的另一显著发展。实践中，投资者和债权人往往根据公司的盈利能力、资本结构、股利政策、经营风险等一系列因素来决定公司股票和债券的价值。由此，资本结构和股利政策的研究受到高度重视。

这一时期主要财务研究成果有：1951 年，美国财务学家迪安（Joel Dean）出版了最早研究投资财务理论的著作《资本预算》，对财务管理由融资财务管理向资产财务管理的飞跃发展发挥了决定性影响；1952 年，哈里・马科维茨（H.M. Markowitz）发表论文"资产组合选择"，认为在若干合理的假设条件下，投资收益率的方差是衡量投资风险的有效方法。从这一基本观点出发，1959 年，马科维茨出版了专著《组合选择》，从收益与风险的计量入手，研究各种资产之间的组合问题。马科维茨也被公认为资产组合理论流派的创始人；1958 年，弗兰科・莫迪利安尼（Franco Modigliani）和米勒（Merto Miller）在《美国经济评论》上发表《资本成本、公司财务和投资理论》，提出了著名的 MM 理论。莫迪格安尼和米勒因为在研究资本结构理论上的突出成就，分别在 1985 年和 1990 年获得了诺贝尔经济学奖；1964 年，夏普（William Sharpe）、林特纳（John Lintner）等在马科维茨理论的基础上，提出了著名的资本资产定价模型（CAPM）系统阐述了资产组合中风险与收益的关系，区分了系统性风险和非系统性风险，明确提出了非系统性风险可以通过分散投资而减少等观点。资本资产定价模型使资产组合理论发生了革命性变革，夏普因此与马科维茨共享第 22 届诺贝尔经济学奖的荣誉。总之，在这一时期，以研究财务决策为主要内容的"新财务论"已经形成，其实质是注重对财务管理的事先控制，强调将公司与其所处的经济环境密切联系，以资产管理决策为中心，将财务管理理论向前推进了一大步。

第二次世界大战结束以来，科学技术迅速发展，产品更新换代速度加快，国际市场迅速扩大，跨国公司增多，金融市场繁荣，市场环境更加复杂，投资风险日益增加，企业必须更加注重投资效益，规避投资风险，这对已有的财务管理提出了更高要求。20 世纪 60 年代中期以后，财务管理的重点转移到投资问题上，因此被称为投资财务管理时期。

如前述，投资组合理论和资本资产定价模型揭示了资产的风险与其预期报酬率之间的关系，受到投资界的欢迎。它不仅将证券定价建立在风险与报酬的相互作用基础上，而且大大改变了公司的资产选择策略和投资策略，被广泛应用于公司的资本预算决策；最终使得财务学中原来比较独立的两个领域投资学和公司财务管理的相互组合，使公司财务管理理论跨入了投资财务管理的新时期。前述资产财务管理时期的财务研究成果，同时也是投资财务管理初期的主要财务成果。

20 世纪 70 年代后，金融工具的推陈出新使公司与金融市场的联系日益加强。认股权证、金融期货等广泛应用于公司筹资与对外投资活动，推动财务管理理论日益发展和完善。70 年代中期，布莱克（F.Black）等人创立了期权定价模型（Option Pricing Model，OPM）；斯蒂芬·罗斯提出了套利定价理论（Arbitrage Pricing Theory）。在此时期，现代管理方法使投资管理理论日益成熟，主要表现在：建立了合理的投资决策程序；形成了完善的投资决策指标体系；建立了科学的风险投资决策方法。

一般认为，20 世纪 70 年代是西方财务管理理论走向成熟的时期。由于吸收自然科学和社会科学的丰富成果，财务管理得以进一步发展成为集财务预测、财务决策、财务计划、财务控制和财务分析于一身，以筹资管理、投资管理、营运资金管理和利润分配管理为主要内容的管理活动，并在企业管理中居于核心地位。1972 年，法玛（Eugene F. Fama）和米勒（Miller Merton Miller）出版了《财务管理》一书，这部集西方财务管理理论之大成的著作，标志着西方财务管理理论已经发展成熟。

20 世纪 70 年代末，企业财务管理进入深化发展的新时期，并朝着国际化、精确化、电算化、网络化方向发展。70 年代末和 80 年代初期，西方世界普遍遭遇了旷日持久的通货膨胀。大规模的持续通货膨胀导致资金占用迅速上升，筹资成本随利率上涨，有价证券贬值，企业筹资更加困难，公司利润虚增，资金流失严重。严重的通货膨胀给财务管理带来了一系列前所未有的问题，因此这一时期财务管理的任务主要是对付通货膨胀。通货膨胀财务管理一度成为热点问题。

20 世纪 80 年代中后期以来，进出口贸易筹资、外汇风险管理、国际转移价格问题、国际投资分析、跨国公司财务业绩评估等，成为财务管理研究的热点，并由此产生了一门新的财务学分支——国际财务管理，并成为现代财务学的分支。

20 世纪 80 年代中后期，拉美、非洲和东南亚发展中国家陷入沉重的债务危机，苏联和东欧国家政局动荡、经济濒临崩溃，美国经历了贸易逆差和财政赤字，贸易保护主义一度盛行。这一系列事件导致国际金融市场动荡不安，使企业面临的投融资环境具有高度不确定性。因此，企业在其财务决策中日益重视对财务风险的评估和规避，其结果，效用理论、线性规划、对策论、概率分布、模拟技术等数量方法在财务管理工作中的应用与日俱增。财务风险问题与财务预测、决策数量化受到高度重视。随着数学方法、应用统计、优化理论与电子计算机等先进方法和手段在财务管理中的应用，公司财务管理理论发生了一场“革命”。财务分析向精确方向飞速发展。20 世纪 80 年代诞生了财务管理信息系统。

20 世纪 90 年代中期以来，计算机技术、电子通讯技术和网络技术发展迅猛。财务管理的一场伟大革命网络财务管理，已经悄然到来。

三、财务管理的目标

我国财务管理目标经历了 1978 年以前的产值最大化阶段和改革初期的利润最大化阶段。实践告诉我们，这两种目标都不是财务管理的最终目标。

关于财务管理目标，如今学术界主要存在以下 5 种观点。

（一）股东财富最大化

其是指通过财务上的合理经营，为股东带来最多的财富。持这种观点的学者认为，股东创办企业的目的在于扩大财富。他们是企业的所有者，其投资的价值在于它能给所有者带来未来报酬，包括获得股利和出售股权换取现金。

（二）企业价值最大化

其是指通过企业财务上的合理经营，采取最优的财务政策，充分考虑货币的时间价值和风险与报酬的关系，在保证企业长期稳定发展基础上使企业总价值达到最大。持这种观点的学者认为，财务管理目标应与企业多个利益集团有关，可以说，财务管理目标是这些利益集团共同作用和相互妥协的结果。

（三）企业经济增加值率最大化

持这种观点的学者认为，企业财务管理目标应当具有系统性、相关性、操作性和效率性的特征，同时提出了满足以上四个财务管理目标特征的企业财务管理目标的最优选择——企业经济增加值最大化。

（四）企业资本可持续有效增值

持这种观点的学者认为，企业资本可持续有效增值是企业理财目标的理性选择，企业资本可持续有效增值可通过上述财务指标体系来体现。然后，通过对这一系列的指标分析，评价企业的经营状况，从而判断企业是否达到了财务管理目标或财务管理的水平如何。

（五）资本配置最优化

有的学者提出，新经济的出现对企业财务产生了巨大的冲击，经济体制、企业组织形式、理财观念的变化对企业财务目标能产生极大的影响，同时指出新经济条件下企业的财务管理目标应定位为资本配置最优化。

四、财务管理的影响因素

企业财务管理目标在不同时期、不同理财环境、不同国度也不同，归纳起来这些目标都受到以下共同因素的影响。

（一）财务管理主体

财务管理主体是指企业的财务管理活动应限制在一定的组织内，明确了财务管理的空间范围。由于自主理财的确立，使得财务管理活动成为企业总体目标的具体体现，这为正确确立企业财务管理目标奠定了理论基础。

（二）财务管理环境

财务管理环境包括经济环境、法律环境、社会文化环境等财务管理的宏观环境，以及企业类型、市场环境、采购环境、生产环境等财务管理的微观环境，同样也是影响财务管理目标的主要因素之一。

（三）企业利益集团利益关系

企业利益集团是指与企业产生利益关系的群体。现代企业制度下，企业的利益集团已不是单纯的企业所有者，影响财务管理目标的利益集团包括企业所有者、企业债权人、政府和企业职工等方面，不能将企业财务管理目标仅仅归结为某一集团的目标，而应该是各利益集团利益的综合体现。

（四）社会责任

社会责任是指企业在从事生产经营活动，获取正常收益的同时，应当承担相应的社会责任。企业财务管理目标和社会责任客观上存在矛盾：企业承担社会责任会造成利润和股东财富的减少。企业财务管理目标和社会责任也有一致性：首先，企业承担社会责任大多是法律所规定的，如消除环境污染、保护消费者权益等，企业财务管理目标的完成，必须以承担社会责任为前提；其次，企业积极承担社会责任，为社会多做贡献，有利于企业树立良好形象，也有利于企业财务管理目标的实现。

五、企业财务管理的七大职能

每一家企业对财务管理都很重视，企业规模不同，企业性质各有差异，财务机构的设置、人员配备、机构内部岗位设置也不尽相同，但从企业财务应具备的职能上看，无论企业财务机构、岗位如何设置，人员如何配备，作为企业管理过程中不可或缺的财务，应具备以下七个方面的职能，但这些职能在不同的企业强弱显现不同。

（一）企业财务算好账

会计核算是企业财务管理的支撑，是企业财务最基础最重要职能之一。会计的基本职能无论是二职能论（反映与监督）、三职能论（反映、监督及参与决策）还是五职能论（反映、监督、预算、控制与决策），其第一项职能都是反映，反映职能通过什么来实现，那就是会计核算。会计核算作为一门管理科学，而且是一门硬科学，它有一套严格的确认、计量、记录与报告程序与方法，会计是用价值的方式来记录企业经营过程、反映经营得失、报告经营成果，会计的审核和计算只有在业务发生后才能进行，因此会计核算都是事后反映，其依据国家的统一会计制度，会计政策、会计估计也按大家所熟知的《会计法》《会计准则》《财务通则》等进行分类整理。作为管理科学一个分支，它有一整套的国际通行的方法和制度，包括记账方法、会计科目、会计假设及国家制定的会计准则、制度、法规、条例等，这些内容为整个会计核算提供较多的规范，目的是要得出一本“真账”，结论具有合法性、公允性、一贯性；相对来讲结论是“死的”，不同的人对相同的会计业务进行核算，在所有重大方面不应存在大的出入。在财务的七件事中，此职能最能得到大家的认可，也是如今企业财务中运用较好的职能之一，当然有意做假账的除外。

（二）企业财务管好钱

除会计核算外，会计最重要的职能就是监督了，会计监督是全方位的，包含企业各个方面，其中对企业资金的监督是每家企业都非常重视的事。对任何企业来说，资金的运用与管理都是一个非常重要的事，资金于企业而言犹如人们身上血液，没有、多了、少了、流动快了、流动慢了、不动了、带病了，都有可能使企业面临危机，作为企业的价值管理的财务部门，其重要职能包含资金的筹集、调度与监管，简单地说就是把企业的“钱”管好。

资金的运用与管理有别于会计核算，没有一套严格的管理方法，企业间差别较大，资金计划、筹融资、各项结算与控制，都属于资金运用与管理范围，企业性质、资金量、会计政策、信用政策、行业特点、主要决策者偏好、甚至资金调度人员的经验都可能给企业资金运用与管理带来偏差。通过建立企业资金管理制度可在一定程度上防止资金的使用不当，但要提高企业资金效用，单靠制度很难实现，除应建立一套适合企业的资金审批、监控系统外，更需要选择有一定经验的人员进行此项工作。

（三）企业财务理好关系

企业经营过程中所涉及的财务关系很多，既有内部各部门之间的，也有企业与外部各供应商、客户、银行、税务、工商、政府部门等，财务部门应协调好这些关系。企业都说重视财务管理，但真正能理解什么是财务管理的企业其实不多，更多的人将会计理解为财务。财务离不开会计，很多财务决策都得依赖会计核算，会计核算的许多方法也直接被财务利用。然而这毕竟是两门学科，不能混为一谈，财务管理属软科学，更多地需要有经验的人员进行管理，财务管理管理效用也往往高于会计核算。

（四）企业财务监控资产

财务部的第一职能是会计核算，核算的目的当然不是为了几个阿拉伯数字，会计核算是用价值手段全面反映企业实物运动的过程，实物从这个车间到那个车间，从这道工序到那道工序，无不在会计核算的反映之内，因此除了要求账账相符、账证相符外，账实是否相符，也是财务部的职能之一，也是财务履行其监督职能的一个重要方面。财务部门可通过定期与不定期进行资产的抽查与盘点，将企业资产实物与财务记录数据是否相符进行对比，从资产监管的角度来参与企业资产管理，以保证财务记录的真实性及企业资产的安全与完整性。

（五）企业财务管好信用

信用管理作为企业财务管理的内容之一，本不应单独列为财务职能，但由于其重要程度，以及信用管理的复杂性，促使企业将其从财务管理职能中单独分离出来形成职能。过剩经济时代，企业经营少不了与客户之间发生一些往来款项，其中不乏赊销。随着赊销业务的增加，企业呆坏账可能性也加大，在毛利率不高的情况下，一笔呆坏账往往超过企业全年利润，为控制呆坏账的发生，企业间的信用管理与控制也越来越被企业重视。

企业的信用政策往往与销售业绩直接联系在一起，采用什么样的信用政策，客户的信用记录又如何，直接关系到企业销售量和呆坏账数量，因此企业进行信用管理是十分需要的。各客户的购货量、货款支付的及时性、业务流程中是否容易合作等，市场部门和财务部门掌握都较全面，根据企业管理中的相互制约原则，企业信用管理工作一般落实在财务部门进行管理，信用管理成为财务工作的重要职责之一，管好客户信用也就控制了企业呆坏账的发生率。

（六）企业财务做好参谋

管理会计主要从管理的角度，根据决策者的需要将企业以往发生的财务事项进行重新组合、分解，利用趋势预测等方法，为决策者提供一些决策数据。虽然管理会计的重要来源是财务会计，但不像财务会计那样有严格的方法、政策限制，不受财务会计“公认会计原则”的限制和约束，得出的结论往往带有一些假设成分，由于其与企业会计核算不可分割性而成为财务管理重要内容之一。

企业财务应在会计核算与分析的基础上，结合管理会计，对企业生产经营、融资、投资方案等提供好决策数据，做好参谋。

（七）企业财务计好绩效

谈到绩效考核，少不了对各项完成指标的计量与比较，这些计量与比较当然少不了会计方面价值计量，而且大多是价值计量，包括生产过程中的增值、费用控制、产值等。这些都是财务会计的计量范围，在价值计量上企业还没有哪一个部门能比财务部门更专业和全面，因此企业绩效考核工作少不了财务部门的参与。绩效考核中的大部分计算工作成为财务职责工作之一，分解、计算各部门绩效是财务部门须做的七件事之一。

总之，作为企业管理中心的财务，无论企业规模大小，企业财务都少不了以上七个方面的职能。尽管仅少数大型企业对这几个方面的职能有明确分工，绝大多数企业，由于财务机构、人员的限制没有对这些职能进行明确分工，而把其中的较多职能赋予在财务经理等少数人身上，但无论如何分工，七件事一件也少不了。

第二节　大数据时代与企业财务管理

一、大数据时代下企业财务管理存在的问题分析

（一）企业财务管理理念落后

结合当前我国现阶段企业财务管理工作的基本状况来看，其表现出来的问题和缺陷虽然有很多，但是归根结底还是在财务管理理念方面存在着明显的落后性，这种企业财务管理理念的落后具体表现在以下两个方面：第一，在企业财务管理工作中，因为管理人员过度关注于企业利益的最大化，在实际的财务管理中因为过度追求于利益，而很容易忽视掉一些有价值的内容和信息，进而也就有可能导致企业财务管理中出现一些较大的方向性问题和损失；第二，在具体的企业财务管理中，相关管理部门以及管理人员还在管理对象上存在着一定的偏见，对于有形资产过于关注，而忽视了对于无形资产的重视，进而也就不利于企业财务管理水平的提升，易影响和制约企业的健康可持续发展。

（二）企业财务管理的共享性不足

基于企业财务管理的现状，其在共享性方面同样也存在着一些问题和缺陷，这些问题主要就表现在企业财务管理的共享性不是特别充足，很多企业内部的财务管理都存在着较为突出的独立性，这种独立性主要表现在以下两个方面：第一，从企业内部来看，财务部门可以说是独立于其他各个部门而存在的，财务部门和其他部门的交流不够充分，很多时候都存在着明显的欠缺，很难保障企业财务管理过程中得到其他部门的支持和辅助，进而影响了企业财务管理的有效开展；第二，从企业外部来看，企业财务部门也不能够和外界相关部门以及企业产生有效的交流和互动，在信息传递以及数据的共享上存在着明显的问

题，最终同样会影响到企业自身财务管理工作的发展，甚至会造成一些较大缺陷和隐患的产生。

（三）企业财务管理风险意识不足

对于当前企业财务管理工作来说，风险管理是比较核心的一个目标和任务，但是也很容易受到忽视，很多企业在实际的财务管理操作中意识不到风险管理和控制的重要性，很难投入较多的精力进行财务中的风险分析和管理，最终造成企业的经济损失产生。随着当前大数据时代的来临，企业财务管理工作中面临的风险问题越来越多，各个问题也表现得越来越复杂，进而也就更加需要得到充分的分析和管控；从具体的数据信息方面来看，当前企业财务管理中遇到的信息数据资源越来越多，相应的风险因素和问题也就越来越多，进而也就需要引起企业财务管理人员的足够重视。以往的重视程度难以满足当前的实际需求，这也是当前企业财务管理中各类问题频发的一个重要原因。

（四）企业财务管理人员素质不足

随着大数据时代的不断发展，其必然也会对于企业财务管理人员提出更高的要求，这种企业财务管理人员方面的要求主要就是指需要相关人员必须要重点针对各类现代化的技术手段以及先进的管理理念有一个较为充足的认识和掌握，进而才能够适应企业财务管理的发展需求。但是从当前企业财务管理人员的基本状况来看，很多企业财务管理人员并不具备着这些方面的素质和能力，很难表现出较好的工作效能，上述管理理念的落后以及风险管理的不足都和企业财务管理人员存在着较为密切的联系，这同样也是今后企业财务管理工作创新发展的一个重要着力点所在。

二、大数据时代对企业财务管理的影响

（一）促进财务管理信息的挖掘

随着全球经济一体化趋势的日益加快，企业面临的内外部环境发生了较大的变化。相应的企业财务管理信息也随之更新，因此需要企业能够通过快速响应与技术创新来获得内外部的财务管理信息情报，从而构筑一个更具竞争力的战略决策体系。在大数据时代，企业获得财务管理信息无非是通过财务会计报表数据；而在大数据时代背景下，企业获得财务管理信息的主要途径除了传统的财务报表外，利用大数据技术，企业可以从业务数据、客户数据等方面挖掘更多的财务管理信息。以计算为核心的大数据处理平台可以为企业提供一个更为有效的数据管理工具，提升企业财务管理水平。

（二）提升财务管理信息对企业决策的支持力度

企业在大数据时代背景下能够获得多维度的海量数据信息，在原来的工作模式中，企

业可能无法应对如此繁杂的数据，但大数据条件下企业可以建立一个大数据预测分析系统，让企业从原先那种繁杂的数据监测与识别工作中解脱出来，为企业赢取更多的时间来进行决策与分析。比如：企业可以借助客户大数据分析体系，分析购买企业产品客户的收入分布水平和消费习惯阶层，从而开发出针对不同阶层的针对性产品，提高企业产品销售的效率。

（三）提升财务管理信息的准确度

在前大数据时代，财务报告的编制以确认、计量、记录为基础，然而由于技术手段的缺失，财务数据和相关业务数据作为企业的一项重要资源，其价值并没有受到应有的重视。受制于技术水平，有些企业决策相关数据并未得到及时、充分的收集，或者由于数据分类标准差异，导致数据整合利用难度大、效率低，相关财务管理信息因此不准确、不精准，大量财务管理数据在生成财务报表之后便处于休眠状态而丧失价值。但在大数据时代，由于技术的发展，企业高效率的处理整合海量数据成为可能，而且由于大数据技术所要求的规范化、标准化，大量财务管理数据的准确性得以提升。

（四）促进企业财务人员角色的转变

从企业财务管理的角度分析，大数据为财务人员从记账复核和简单的报表分析向高层管理会计转型提供了机遇。此前，财务人员只能通过对报表数据的分析为管理者提供决策的依据。随着市场竞争的加剧，基于财务报表的数据分析只能为管理者提供有限的信息，管理者越来越不满足于纯粹报表信息。但在大数据时代，财务人员企业可以面对不同维度的海量财务数据，而且数据之间的因果关系链更完整。同时，大数据技术能够帮助财务人员破解传统 Excel 分析难以应对的数据分析难题，透过那些看似普通的数据，财务人员可以在数据分析过程中更全面地了解到企业的现状及问题，更及时地评价企业的财务状况和经营成果，从而揭示经营活动中存在的矛盾和问题，为改善经营管理提供根据明确的方向和线索。

三、大数据时代下企业财务管理创新发展方向

（一）培育企业决策层的大数据管理意识

企业大数据时代下的财务管理离不开决策层的支持，但传统的数据分析对于企业决策层来说属于轻车熟路，依赖差不多或大概的数据做出决策并取得成功的经验俯仰皆是。同时，成本高昂的大数据处理工具所带来的企业效益的提升可能难以准确量化。这些因素可能会造成企业决策层对大数据管理的迟疑甚至排斥。但是企业管理层必须要意识到，当今的市场竞争越发激烈，以大数据管理为特征的时代已经来临，如果企业不能意识到这种变

化，不能从大数据中迅速识别风险和发掘商机，在未来的行业竞争中将不可避免地被逐渐击败。企业意识形态更新的最大推动力来自决策层的决心，只有培育企业决策层的大数据管理意识，并加强组织领导工作，才能从根本上树立企业的大数据意识。

（二）转变企业财务管理职能

大数据时代，数据信息量庞大而复杂，但当代信息技术的发展为数据展示提供了条件，也为创新财务管理中数据信息的呈现方式提供了新的方向，企业财务人员需要转变管理思路，推动财务管理职能的适当转型。长期以来，企业财务管理职能主要定位于财务会计功能，通过确认、计量记录、报告程序，努力为相关者提供决策所需的财务信息。管理会计虽然不断被提及，然而在企业管理中的实际应用范围较窄、层次较低，目前仍处于探索推进阶段。大数据下的企业财务管理工作将以大数据作为基础，在企业内部开展全面预算管理、资金集中管理与内部控制等管理会计职责，从而让企业财务管理工作能够高效且顺畅地进行下去。因此在大数据时代，亟须将管理会计提升到与财务会计同等重要的地位，甚至应当真正实现财务管理职能从财务会计向管理会计的拓展延伸。

（三）提升财务管理信息化建设水平

提升财务管理信息化建设水平是做好大数据时代下企业财务管理的重要因素。首先，需要建立财务管理信息化制度，完善企业的网络信息环境，建立统一的财务管理制度，对各项数据、信息在制度上、流程上、收集方式上进一步实现统一，从而提升企业财务报告合并的工作效率与质量，提升各项财务信息、会计数据的透明度和公开度。其次，要做好与企业其他有用信息的互通互联，尤其是要解决业务信息、客户信息与财务信息的高度集成及依托精确的信息处理平台进行分析和决策的问题。企业通常可以考虑在内部设置一个财务信息平台，将企业的财务发展和战略决策全部纳入信息平台中，以便为企业管理层提供及时可靠的信息。

（四）促进财务分析由事后反映向事中控制转型

竞争环境的加剧要求传统成本管理转向以顾客为导向，着眼于竞争优势的战略成本管理，从注重成本核算向成本控制转变，从制造成本管理向产品全成本管理转变。从管理会计发展的趋势来看，作业成本法以其对成本的精确计算和对资源的充分利用引起了人们的极大兴趣，但其复杂的操作使得很多管理者望而却步。在大数据时代背景下，利用大数据技术能够确定成本动因，准确计算成本，实现从基于结果的分析向基于过程的挖掘转变。财务人员不再局限于事后反映、分析和监督，可以及时采集与生产制造成本相关的各种类型数据，通过成本控制系统，准确汇集分配成本，分析生产费用构成因素，区分不同产品的利润贡献差异，并对其进行全方位比较，实现在线过程控制与业务活动绩效评价。

（五）建设大数据财务人才队伍

大数据时代改变企业发展模式，要求财务人员超越财务思维，从业务的角度思考财务问题，财务人员不再仅仅致力于满足核算反映、财务监督等财务工作，更重要的是具备超越财务的战略全局观，组织流程规划设计能力，分析业务理解洞察力以及IT系统构架与建设的能力，这些都对财务管理人员提出了更高的要求。但目前大部分企业并没有相应的人才储备，也无法在数据分析模型上投入足够的人力资源。在大数据时代，提升企业大数据管理意识和财务信息化水平只是两个重要方面，更为重要的执行层面是要建设大数据财务人才队伍，这样企业才能真正利用大数据技术集中存储和分配财务资源，进而做出最优的财务决策。

第三节　企业管理会计应用大数据分析实例研究

一、问题提出

企业在日常经营活动过程中会积累大量数据，这些数据涵盖采购、仓储、生产、市场、客户、竞争对手等企业全供应链乃至行业全产业链方方面面所涉及的业务发生、发展、产出，这些数据在近些年来已经引起了广泛的关注。利用这些企业日常积累下来的大量数据，能够在一定程度上细化分析并总结出既往企业资源的投入产出效果，同时能够支持企业未来提高资源投入产出效果的战略应用，对从企业管理层到一线业务人员均具有较强的指导意义。

目前，我国的大数据应用尚处于起步阶段，大数据挖掘和大数据应用的主要职责通常为企业研发部门所承担，财务部门基本隔离在外。究其原因主要包括以下几个方面。一是企业财务系统通常独立于其他业务系统，财务模块同其他数据模块之间的数据接口所对接的通常是汇总数据，且仅同财务入账信息相关，财务人员很少接触到其他业务系统中的详细业务数据，在一定程度上限制了财务人员的视野。二是企业管理层对财务部门的期望仍有很多是基本需求，如按时结账、准确报税、定期出具企业整体财务报表等，财务人员所需要完成的工作内容也相对粗放。三是大数据挖掘是具有技术基础的工作，财务人员通常缺乏处理大量数据的专业软件和能力，在日常的工作接触中同企业一线业务部门及研发部门的接触和合作不够深入，造成企业财务人员在使用大数据上存在壁垒。

随着管理会计在企业财务部门中的位置日趋重要，管理会计逐步走出原来传统财务会计的范畴，开始参与到企业战略制定和企业日常经营活动中。因此，企业管理会计可以也应该成为大数据和企业财务结合的切入点，在大数据的挖掘和分析中，从财务视角对企业大数据的应用提出意见和建议。此外，管理会计具有参与全产业链各步骤得天独厚的优势，企业的各项经济活动最终都会反映在财务结果中，财务视角更易以全盘的管理视角来审视所发生的业务及其成果，实现以财务结果作为基础，关联全业务流程相关大数据。

本文以某自营电商公司为例，利用其海量订单所关联之业务数据及所产生的财务结果数据，实现将公司层面财务报表细化至单品损益层面，并分三个阶段实现不同的管理目标和产出效果。

二、某自营电商公司管理会计应用大数据阶段分析

（一）第一阶段：财务准则下细化损益报表至单品层面

该阶段主要目标为搭建出公司整体经营成果及损益报表同单品之间的关系框架，基于公司已有的业务数据维度和数据系统，将足够的维度和财务结果产生动因纳入该基本框架。在该阶段会涉及大量的业务访谈、流程梳理、研发部门沟通等步骤。

在收入成本科目中，该公司的收入及成本均基于销售订单，订单数据中包括订单编号、单品销售价格、所属类别、销售期间等信息；另外以销售订单编号为关联点，取得退货系统中单品层面退换货信息，这些信息将作为单品损益分析层面的主要维度进行数据取用。基于公司订单数据系统，可以取得某个期间的单品层面的收入数据；基于单品本身编码，取得库存系统中该单品当期库存成本；基于订单编号，取得订单中所使用的优惠券数据，并按照优惠券不同类别进行区分，非单品直接相关的优惠如满减优惠，按照订单相关单品销售价格按比例进行分拆，得到单品间接销售优惠。

涉及系统：订单系统、优惠系统、库存系统。

单品收入＝单品该期间销售收入－单品该期间退货支出－单品该期间直接/间接相关优惠券

单品成本＝单品该期间基于加权平均法得到的销售成本

在该自营电商公司的履约成本科目中，主要包括仓储成本、配送成本、售后成本三类。仓储成本主要包括当期租赁仓库支出租金或自建仓库当期折旧，及仓储人员相关人工成本。基于仓储管理系统中，各单品当期的收货、储存、发货信息，取得当期各单品在库时长，并基于单品编码取得库存系统中单品基础体积信息。当期仓库租金或当期折旧基于当期在库单品在库时长及体积在单品进行分摊。仓储人工成本基于仓储人工分工，主要负责将上架的人工成本按照仓储系统当期各单品收货信息，按照收货数量及体积在当期上架单品中进行分摊；仓储捡货发货人工成本则按照仓储系统当期各单品出库信息，按照发货

数量及体积在当期发货单品中进行分摊；仓储理货及管理人工成本则可类同于租金折旧成本分摊方式，按当期在库时长及体积在当期各单品中进行分摊。此外，由于各单品未必各期均会出现销售，可能会出现部分单品分摊到仓储费用但并无当期收入成本情况的发生。

涉及系统：库存系统、财务系统、薪酬系统。

单品仓储费用＝单品当期仓库租金或当期折旧＋单品仓储上架人工成本＋单品仓储捡货人工成本＋单品仓储理货人工成本

配送成本同单品销售订单直接相关。配送成本主要包括干线运输成本及支线配送成本两类。干线运输成本同线路本身长度呈主要相关，同所配送的商品重量次相关。基于干线配送系统数据中，当期该条干线运输线路成本，及当期该干线运输线路实际运输单品距离及单品标准重量，将当期该条干线运输线路成本分配至单品层面。支线配送成本包括配送车辆成本及配送人工成本等，其主要成本动因基本一致，同配送订单数量相关，由于支线配送的复杂程度较之干线配送更高，因此基于成本效益原则，选择配送系统数据中当期配送订单数量及重量数据为关键分配基础，将支线配送成本进一步分配至单品层面。

涉及系统：干线配送系统、支线配送系统、薪酬系统、库存系统、财务系统。

单品配送成本＝单品干线运输成本＋单品支线配送成本

售后服务成本同售后服务订单相关，通常所提供的售后服务可以同单品直接相关，基于客服系统所记录的各客服人员当期完成的服务次数及所服务相关的订单信息，将提供的售后服务按次数分摊至单品层面。回退商品损失则基于各回退单品，可变现收入扣减回退单品成本，直接记录于单品层面。

涉及系统：售后服务系统、薪酬系统、财务系统。

单品售后服务成本＝单品售后服务成本＋单品回退商品损失

市场费用在该公司损益表中亦为重要科目，该费用记录至单品层面将涉及较多假设和估计。市场费用的投入类型多样且其投入多为未来收入而非当期收入，因此在基于企业会计准则将当期市场费用分配至单品层面时，将出现较多费用动因假设。市场费用可以大致区分为流量采买成本及整体品牌形象成本两个主要类型。流量采买成本的发生来源多样，有基于点击次数收费，亦有按期间收费或者按曝光次数收费等计费方式。从流量采买效果角度来看，流量采买成本与用户最终消费该单品有关，但其联系过程非常复杂，因此在流量采买成本中，视导致用户点击单品的结果为该流量采买成本带来的效果。基于上述分析，流量采买成本基于当期所有单品的页面点击分配至单品层面。另外，这里同样会出现某些单品当期有点击发生但无销售收入的情况。整体品牌形象成本主要为在媒体投放的广告或举办的活动等，其目的是要维护和提高公司整体形象及曝光率，该费用的发生同公司整体经营相关，因此将当期全部单品销售收入作为单品层面的分配基础相对比较公正。

涉及系统：流量数据系统、财务系统、订单系统。

单品市场费用＝单品流量采买成本＋单品承担整体品牌形象成本

此外，损益表中如管理费用、研发费用等，亦同订单直接相关程度较低，同样假定关键费用动因，并基于关键动因将各项此类费用分配至单品层面。

至此，公司层面损益报表已分拆至单品，其应用则可分不同层面。从公司管理者层面，可以主要关注异常报告及战略单品业绩表现，如当公司损益出现异常波动时，是由于哪些关键单品的何种因素导致并相应调整后续经营策略，或基于不同关键维度的分析结果，确立公司内部标准或寻找差距原因；从公司经营者层面，可以进行日常关键单品业绩表现监控，基于 80/20 等原则，定义关键单品并监控其业绩表现变化趋势，当出现不利趋势时，适时调整经营方针；从公司业务人员角度，可以及时监控其管辖的单品情况，进行细节管理。企业管理会计团队可基于细化数据对其进行深入分析研究，向不同层面使用者提供目的不同的分析支持，亦可以将数据形成不同层面的展示报表，更为直观地提供给各层级使用者。

（二）第二阶段：产品生命周期下细化损益报表至单品层面

该阶段主要目标为在第一阶段的基础上，引入单品生命周期的概念，将第一阶段所实现的财务准则口径下的单品损益通过一定的管理调整，实现该单品在其生命周期下的损益分析。其同财务准则口径下的单品损益分析的主要区别在于，某些成本费用的项目，并不按照财务准则的要求记录于费用发生的期间，而是体现在该单品实现销售的期间，该口径下的单品损益分析可以体现该单品从采购到销售最终实现的损益情况，从长期来看其结果同财务准则口径下的单品损益结果亦趋同。

要实现上述目标，则需将部分费用科目的计算逻辑进行调整，在财务准则口径下应记录于当期的费用，需按一定原则进行递延，将当期尚未实现销售的单品所应承担的费用，递延至实际实现销售的期间，下面以仓储费用为例进行说明。仓储费用的发生同当期需存储的商品相关，而当期需存储的商品并非当期均实现了销售，当商品销售节奏波动较大的时候，财务准则口径下的当期损益在短期内可能会对该单品实际短期损益有一定的误导。

按照上述原则对各项费用成本进行递延确认后，则取得了产品生命周期口径下单品层面的损益情况，该结果对于一线业务人员的帮助将更为明显，在安排采购和销售节奏时可以参照该结果，如平衡考虑囤货所取得的收益是否能够抵消长期仓储带来的损益。公司管理者和经营者也可以通过监测期末尚在递延中的费用，了解已经发生但尚未得到弥补（即未销售前发生的持有成本）的费用情况，亦可以对关键单品的情况进行监控及调整管理手段。

（三）第三阶段：产品生命周期下单品层面损益预测

在前述两个阶段中，所得到的数据产出均为期间数据，且为历史期间数据。作为管理会计，除了应及时准确地提供历史数据的分析支持之外，亦应在预测方面为各报告使用者提供有用的数据支持。因此该阶段的目标为在第二阶段的基础上，增加一些关键假设，最终产出时点下单品后续可能实现的损益情况。通过对关键假设的调整，使得各层级报告使用者通过预测结果的变化和倾向，相应调整实际应对战略，达到最优结果。关键假设主要包括产品性质、采购销售节奏、潜在收益成本等。通过对这些关键假设的调整，取得在该时点该假设的条件下，单品后期可能实现的损益情况。

收入成本科目中，需输入销售节奏假设、单品平均成本变化假设以及价格变化节奏假设。销售节奏假设可以通过一定原则基于产品所属类别性质进行自动设置匹配，亦可以进行人工调整以观察假设变化对结果的影响。单品平均成本变化假设主要为供货商所提供的潜在收益成本带来的相应影响。在前例中，即供货商提供的优厚的采购返利支持，如公司进行采购囤货，则可以取得该采购返利并拉低平均成本。价格变化节奏假设亦可基于产品性质进行自动设置匹配或进行人工调整。

在履约费用中，仓储成本则需要输入采购节奏假设，该假设结合销售节奏假设可以推导出库存变化假设。基于第二阶段实现的将单品层面仓储费用拆分至当期实现损益的单品单个成本和递延确认的单品单个成本，模拟得出在该采购销售节奏假设下，各期仓储费用的情况。配送成本则可基于前期实际的单件单品配送成本，得出该销售节奏假设下，各期发生的配送费用的情况。售后费用、管理费用、市场费用等亦可以参照前期实际数据，结合采购销售节奏假设，推算假设期间费用数据。至此所形成的单品层面数据产出，同样可在不同层级和维度上进行应用，把握关键单品的预计损益，结合系统配合其他假设，预估后期整体损益情况，或基于后期整体损益预算安排，对关键单品调整经营战略，最终实现损益预算目标。

综上，在上述财务数据结合企业大数据使用的过程中，企业管理会计团队需同各业务部门及研发人员充分沟通，以了解业务的流程、相关形成的数据、数据的内容和定义、数据的存储方式等，使用研发专业数据开发工具，最终形成不同层级的数据分析报表及结果展示方式。基于不同企业的实际情况和数据资源，企业管理会计团队以财务视角为出发点，引入和关联业务关键数据，将企业拥有的大数据以财务的视角进行串联，站在企业整体的角度利用大数据进行分析、战略数据支持和应用，并反过来对财务管理会计团队的能力进行提升，迎合大数据趋势，与业务紧密结合，成为企业内部关键战略单元，将是企业管理团队的发展趋势。

第六章　企业信息管理创新与实践

第一节　企业信息管理概述

一、基本知识

（一）定义及内涵

所谓企业信息管理是指为企业的经营、战略、管理、生产等服务而进行的有关信息的收集、加工、处理、传递、储存、交换、检索、利用、反馈等活动的总称。企业信息管理是企业管理者为了实现企业目标，对企业信息和企业信息活动进行管理的过程。它是企业以先进的信息技术为手段，对信息进行采集、整理、加工、传播、存储和利用的过程，对企业的信息活动过程进行战略规划，对信息活动中的要素进行计划、组织、领导、控制的决策过程，力求资源有效配置、共享管理、协调运行、以最少的耗费创造最大的效益。企业信息管理是信息管理的一种形式，把信息作为待开发的资源，把信息和信息的活动作为企业的财富和核心。在企业信息管理中，信息和信息活动是企业信息管理的主要对象。企业所有活动的情况都要转变成信息，以“信息流”的形式在企业信息系统中运行，以便实现信息传播、存储、共享、创新和利用。此外，传统管理中企业的信息流、物质流、资金流、价值流等，也要转变成各种“信息流”并入信息管理中。企业信息管理的原则必须遵循信息活动的固有规律，并建立相应的管理方法和管理制度，只有这样，企业才能完成的各项管理职能。

企业信息管理过程又是一个信息采集、整理、传播、存储、共享、创新和利用的过程。通过不断产生和挖掘管理信息或产品信息来反映企业活动的变化，信息活动的管理过程和管理意图力求创新，不断满足信息管理者依靠信息进行学习、创新和决策的迫切需要。

（二）基本任务

企业信息管理的基本任务如下：

（1）有效组织企业现有信息资源，围绕企业战略、经营、管理、生产等开展信息处理工作，为企业各层次提供所需的信息；

（2）不断地收集最新的经济信息，提高信息产品和信息服务的质量，努力提高信息工作中的系统性、时效性、科学性，积极创造条件，实现信息管理的计算机化。

（三）内容

企业信息管理内容包括：企业信息化建设、企业信息开放与保护、企业信息开发与利用。

企业信息化建设，是企业实现信息管理的必要条件。大致任务包括计算机网络基础设施建设（企业计算机设备的普及、企业内部网 Intranet 和企业外部网 Extranet 的建立与因特网的联接等）；生产制造管理系统的信息化（计算机辅助设计 CAD、计算机辅助制造 CAM 等的运用）；企业内部管理业务的信息化（管理信息系统 MIS、决策支持系统 DSS、企业资源计划管理 ERP、客户关系管理 CRM、供应链管理 SCM、知识管理 KM 等）；企业信息化资源的开发与利用（企业内外信息资源的利用、企业信息化人才队伍培训、企业信息化标准、规范及规章制度的建立）；企业信息资源建设（包括信息技术资源的开发、信息内容资源的开发等）。

企业信息开放与保护，信息开放有两层含义，即信息公开和信息共享。信息公开包括向上级主管公开信息、向监督部门公开信息、向社会公开信息、向上下游企业公开信息和向消费者公开信息、向投资者公开信息等。企业信息按照一定的使用权限在企业内部部门之间、员工之间和与之合作伙伴之间进行资源共享。企业信息保护的手段很多，如专利保护、商标保护、知识产权保护、合同保护、公平竞争保护等。企业信息的开发与利用，从信息资源类型出发，企业信息资源有记录型信息资源、实物型信息资源和智力型信息资源之分。智力型信息资源是一类存储在人脑中的信息、知识和经验，这类信息需要人们不断开发加以利用。企业信息开发与利用的内容，包括市场信息、科技信息、生产信息、销售信息、政策信息、金融信息和法律信息等。

（四）类型

企业信息管理系统分为不同的类型。

（1）按企业信息处理所应用的技术来划分，可分为人工操作系统、机械操作系统和计算机操作系统。

（2）按照企业管理信息系统的功能来划分，可分为单一功能的企业信息系统和综合功能的企业信息系统。

（3）按系统对外界环境变化的适应度、灵敏度来划分，可分为开放型和封闭型信息系统。

（4）按企业内部设置形式上来划分，企业信息系统可分为职能型、综合型和系统型。

（五）层次

企业信息管理同企业管理一样，分为3个层次进行管理。

（1）高层战略管理：对企业信息和资源在整体上的一种把握和控制。

（2）中层管理：对企业业务活动信息具体设计、组织协调，使各种业务活动有效开展。

（3）基层管理：对业务处理的过程信息进行管理。

二、企业信息资源管理理论

“信息资源管理”（Information Resources Management）一词最早出现于20世纪70年代末美国的政府部门，随后迅速扩展到工商企业、科研机构和高等学校，并逐渐成为一门新的学科和管理理论。

信息资源管理得以形成与发展必须同时具备3个条件。一是对信息资源认识的观念。实际上，信息资源早就存在，但只有当信息资源累积到一定量的时候才能引起人们认识的突变，这就是信息资源管理形成的观念条件。二是技术条件。信息系统与网络技术不但推动了信息资源量积聚，而且促成了信息资源管理活动的集成发展。三是实践条件。政府部门的文书管理领域和工商行业的企业管理领域对信息资源管理的需求提供了实践场所。

总而言之，信息资源管理生成的观念条件、技术条件和实践条件是互为相关的，只有同时具备了这3个条件，信息资源管理才会形成与发展。根据现有资料分析，到20世纪中期，现代管理科学最为发达的美国已初步具备了上述3个条件。这样，信息资源管理就开始萌芽和发育，而其最早的生长领域就是美国政府部门的文书记录管理（Paperwork and Records Management）领域。

当时，由于文书数量和文书管理成本的激增，美国政府运用了行政和立法双管齐下的办法实施整治，其结果却意外地促成了信息资源管理的产生。在这发展过程中，信息技术起到了积极的促进作用，正如Marehand和Kresslein指出：“由于信息技术的应用，政府部门发生了4种主要变化。第一，许多政府（和商业）组织为了实施战略规划和操作，已用数据处理、办公自动化、通信技术等方面的集成管理取代了对这些技术的垂直管理和控制；第二，由于各种组织变得越来越依赖于信息技术的内部利用，它们也更加关注信息技术规划在组织的战略规划中的整合应用；第三，设计多功能办公自动化网络的需求对于数据处理、通信、办公室管理、文书管理等方面的跨领域利用提出了更多的要求；第四，许多组织在信息技术方面增加的投资要求最高管理层更多地介入对信息技术利用的监督。”于是，经过理论、实践和技术的相互作用与紧密结合，文书管理逐渐演变出了信息资源管理思想和理论。

企业管理是信息资源管理的又一生成领域。作为一种理论思想，信息资源管理是管理思想的重要组成部分。从某种意义上讲，管理思想的发展过程也就是从科学管理到信息资源管理的思想演变过程，是管理中心从物的管理到人本管理再到信息资源管理的变化过程。具体地讲，信息资源管理在管理领域生成的背景因素主要有 4 个方面。

第一，由于现代通信技术和新型交通工具的发展，许多企业由地方性公司扩展为遍布全球的跨国公司，企业在地理空间上的扩散要求加强信息资源管理。

第二，为了适应全球市场的竞争，现代企业多采用多样样化的经营管理模式，而要经营这样的企业就离不开计算机信息资源的管理。

第三，韦伯（Max Weber）的金字塔结构在现代企业借助于信息技术大力缩减管理层次，缩短组织内部操作层与决策层之间的通道，以期提高信息交流效率并鼓励工人参与决策制定过程，现代企业这种平面结构的运行是由信息资源管理所支持的。

第四，管理方法和理论的演进是与新技术尤其是计算机技术紧密联系在一起的，计算机技术的应用使许多管理工作实现了自动化处理，并因此而改变了工人的工作场所和工作方式，更多的工人变成了白领工人，他们与管理者的工作内容开始趋同，都是以信息资源的开发与管理为主要内容。这样，传统的管理也就开始演变为信息资源管理。

进入 20 世纪 90 年代后期，随着信息技术发展和网络的兴起，信息不但成为社会最广泛的资源，也是各种组织发展必备的战略资源，这构成信息资源管理发展的新背景，极大地推动了信息资源管理理论发展，也形成了许多不同的理论观点。

（一）胡赛因（Hussain）的信息资源管理理论

美国新墨西哥州立大学的 D. Hussain 和 K.M. Hussain 的信息资源管理理论准确地说是一种“计算机资源管理理论”，其核心是信息系统的开发、管理和计算机在工商企业领域的应用问题，因此它又被称为“管理中的信息系统理论”。

Hussain 的信息资源管理理论注重计算机信息系统理论和管理理论的结合。胡赛因的信息资源管理理论有几处明显的缺陷：

其一，它未对信息资源和信息资源管理等概念做任何解释，简单地以计算机资源取代信息资源；

其二，信息资源管理理论从产生伊始就以战略层次的管理为主要内容，但该书却停留在信息系统管理的层次上，按 Horton 等人的时期划分，这只是信息资源管理初级阶段的理论。

（二）霍顿（Horton）的信息资源管理理论

霍顿 (F.W.Horton) 是美国著名的信息资源管理学家，他在 1985 年出版的《信息资源管理》是一种面向应用的信息资源管理理论，这也是第一步真正以信息资源为逻辑起点的信息资源管理专著。

Horton 的信息资源管理理论是以如何提高生产率这一命题为出发点的。他认为，适合于农业时代和工业时代的“生产率除以投入”的概念已不能适应信息时代的需要，必须植入信息资源和财产概念以重新定义和测度生产率。信息是一种具有生命生命的资源，信息生命周期是信息运动的自然规律，它一般由信息需求的确定和信息资源的生产、采集、传递、处理、储存、传播与利用等级组成；信息资源管理就是基于信息生命周期的一种人类管理活动，是对信息资源实施规划、指导、预算、决算、审计和评估的过程。从信息资源管理产生的角度考察，信息资源管理是不同的信息技术和学科整合发展的产物，这些技术与学科包括管理信息系统、记录管理、自动化数据处理、电子通信网络等。

Horton 还强调每一个企业都必须将信息资源作为一种战略财产进行管理，必须将信息资源与企业的战略规划联系起来，在企业的每个层面上识别信息资源和获利机会，并借以构筑新的竞争优势。

Horton 的信息资源管理理论是美国乃至世界范围内最有影响的信息资源管理理论之一，极大地促进了信息资源管理理论的传播、应用和发展。就其所著的《信息资源管理》而论，主要优点包括理论体系严谨，概念术语规范，应用色彩浓重，针对性强，注重规律性和方法论研究等，其不足之处在于没有充分认识到信息资源大户包括图书馆、档案馆和情报中心等在信息资源管理中的重要性，没有在更大的范围内展开信息资源管理理论。但就其所达到的理论高度而言，该书完全可称为信息资源管理的经典之作。

（三）史密斯（Smith）的信息资源管理理论

史密斯 (A.N.Smith) 是美国加利福尼亚州的学者，他的理论与 Hussain 的《信息资源管理》相比有着长足的进步，它已不再是一种计算机资源管理，而是将信息技术和信息系统建设等有机地融入了管理理论与实践的框架中。

Smith 的信息资源管理理论非常注重管理理论与计算机信息系统理论的结合，较好地处理了信息系统理论和管理理论的关系与融合问题，是基于信息与信息资源概念并按信息资源管理的逻辑结构展开的一体化信息资源管理理论。但它同样未能超越管理信息系统的约束。与 Horton 的理论体系相比较，Smith 的体系更富于理论的完整性，它们可以说是美国信息资源管理理论领域的两朵奇葩。

（四）马丁（Martin）的信息管理理论

英国学者马丁（W.J. Martin）的信息管理理论主要涉及以下内容：信息管理的内涵与意义、信息管理的要素、信息管理的原则、信息管理的认知、信息管理的制约因素、信息管理的实施与信息管理过程等。

Martin 认为，信息管理是使有价值的资源，是隶属于标准的管理和控制过程以实现其价值的活动，它必须超越程式化的信息收集、储存和传播工作，致力于使信息利用为组织结构的目标服务。信息管理不同于管理信息系统，后者是为特定的管理层次提供特定类型信息的方法，前者则是为整个组织机构的所有层次包括战略层次、战术层次、操作层次等服务的。但信息管理与信息资源管理没有什么区别。他认为，信息管理是建立在作为资源的信息概念的基础上的。

Martin 的信息管理理论是一种英国化了的信息资源管理理论，将信息管理置于信息社会中论述表明了作者对信息管理重要性的认识程度，重视投入产出理论的应用则体现了信息与资源的内在关联。

（五）施特勒特曼（K.A. Stroetmann）的信息管理理论

德国的信息管理学家施特勒特曼（K.A. Stroetmann）认为信息管理是对信息资源与相关信息过程进行规划、组织和控制的理论。信息资源包括信息内容、信息系统和信息基础结构三部分，信息过程则包括信息产品的生产过程和信息服务的提供过程。通过引入“价值链”概念，信息管理可简单地概括为沿着价值链的信息资源管理。Stroetmann 认为信息管理是一种战略管理，他进一步抽象出了适用于信息服务领域的战略信息管理分析框架，这是由信息资源信息转换过程战略信息管理（即规划、组织和控制）所组成的三维结构。

Stroetmann 的信息管理理论闪烁着德国学者的理论思辨色彩，其宽广的视野、准确的理解、细微的分析、简洁的模型等无不具有理论魅力。但与其他理论相比较该理论更多的是一种理论推导或创新。

（六）卢泰宏的三维结构理论

卢泰宏在 1993 年出版的专著《国家信息政策》中纲要性地论述了自己的信息资源管理理论。他首先从“信息成为真正资源的必要条件是信息管理”的命题出发，论述了自己对信息管理的理解。卢泰宏信息资源管理理论的核心是“三维结构论”。他认为，信息资源管理是 3 种基本信息管理模式的集约化，这 3 种模式分别是：对应于信息技术的技术管理模式，其研究内容是新的信息系统、新的信息媒介和新的利用方式；对应于信息经济的经济管理模式，其研究方向是新的信息系统、新的信息媒介和新的利用方式；对应于信息经济的经济管理模式，其研究方向是信息商品、信息市场、信息产业和信息经济；对应于信息文化的人文管理模式，其研究方向是信息政策和信息法律等。

卢泰宏是国内较早接触国外信息资源管理理论的学者，并以此为基础形成了自己的理论框架。但就其理论内容而言，似乎更多的是情报学的思路，真正吸收国外理论的精华并不多。三维结构论虽然从一定程度上可以概括信息资源管理的研究内容，但它只不过是信息资源管理理论的结构分解，国内外的应用实践领域并不存在单一的技术模式、经济模式或人文模式。

（七）胡昌平的信息管理科学理论

胡昌平以社会信息为基点构建了宏观的信息管理科学体系，试图构建一种与社会主义市场经济下社会运行的信息机制相对应的大而全的信息管理体系。胡昌平认为，信息管理科学就是研究社会信息现象的科学。

胡昌平的信息管理科学体系是我国信息资源管理研究的代表性成果，它标志着我国情报学研究已开始走出科技情报的固有范围而面向社会信息这个更广阔的天地了。但由于原有知识结构的局限和信息资源管理研究本身尚未成熟，该理论也存在着一些有待进一步完善之处：其一，该理论更多的是对用户研究、情报控制和信息社会学等内容的有序组合，缺乏基于信息管理的内在一致性；其二，存在宏观展开充分而微观深入不够的问题；其三，有些基本概念尚需进一步推敲，如信息管理与信息、资源管理、社会信息与信息资源等。

（八）霍国庆的战略信息管理理论

中科院研究生院的霍国庆在其所著的《企业战略而信息管理》一书中，提出了基于信息集成的战略信息管理理论，提出了“基于企业信息化的战略信息管理模型”。他认为战略信息管理是由相互关联的信息技术管理、信息资源管理和电子商务管理三部分组成的。信息技术管理是战略信息管理的基础，其核心技术是设计和建立与一个子公司的业务相调配的体系结构，充分发挥信息技术在企业运行和计理方面的作用，重塑企业的核心能力和竞争优势；信息资源管理是战略信息管理的核心，其主要任务是挖掘、收集、组织、分析、传播支持企业决策的信息资源，提高决策的质量和成功率，增加产品或服务的信息含量，促进企业的变革和转型；电子商务管理是战略信息管理的延伸，是企业传统业务的信息化，其主要任务是利用信息、技术手段和信息资源能力，实现大规模个性化定制或服务，创造企业在网络时代的竞争优势。

企业信息资源管理研究自 20 世纪 70 年代以来获得了迅速的发展，在理论上和实践应用上都日益成熟，为信息资源管理提供了有益的指导，但综观过去对信息资源管理的研究，还存在很多不完善的方面：其一，从科技情报的角度对信息资源的研究比较多，使得企业信息资源的概念比较狭窄；其二，更多的是从宏观和中观的角度研究信息资源管理，而从微观角度进行的研究很少；其三，更关注信息技术的作用，夸大了信息技术的作用，而忽略信息管理的重要作用；其四，定性研究多，定量研究少，零星成果多，系统成果少。

第二节　大数据与企业信息管理

一、大数据应用意义分析

大数据是近年来备受关注的一类互联网信息化技术。大数据已经成为继云计算和移动互联网应用之后，对互联网信息化管理有直接影响的综合性应用技术之一。信息技术相关从业企业和科研院所纷纷从不同角度展开了大数据技术应用的具体化研究，深度挖掘了大数据技术的潜在价值，使大数据技术走向高速应用的发展之路。

（一）提升了信息管理的效率

大数据应用能够切实有效提升信息管理效率。通过对数据的广泛收集和高效分析，数据掌握者能够更快速地实现信息检索和分析汇总工作，使信息管理工作处于持续的良好状态下，避免信息数据的人为流失，改善信息数据管理的实际模式。

（二）体现信息管理的科学性

大数据技术能够使信息的分类管理和分步管理更加有序和科学。大数据技术将数据片段整合为整体，进而能够实现分类管理，使不同属性的信息能够整合成为一个集合，继而根据相应的信息特点和特质实现针对性的管理，使信息管理的科学性更加突出。同时大数据技术运用也可以使信息管理的流程化更加有序，实现分步的信息管理，使信息规范性更强。

（三）体现信息管理的人性化

大数据能够根据不同的信息管理和使用习惯，体现出信息应用的人性化。在实际的信息管理过程中，信息管理者所遵循的基本管理规则和事项就会成为大数据技术平台的基本规范，进而提升信息管理的实效性，满足信息高效利用的需要。同时大数据技术平台能够实现可视化操作，降低信息管理劳动量，增强信息操作的专业性。

二、企业信息管理现状

在大数据时代的背景之下，数据信息管理已经成为现代企业管理的重要组成部分，随着数据信息的不断膨胀，其对企业的未来发展起着越来越重要的作用，所以，企业的信息管理对于现代企业的生存和发展，有着非常重要的影响。现代企业在运营管理过程中，做好信息管理工作，刻不容缓。

（一）可视化的企业信息需求

随着计算机网络技术的快速发展，数据信息已经成为企业运营中的要素之一，其与企业人员以及企业制度有着同等的地位。大数据是如此重要，以至于其获取、储存、搜索、共享、分析，乃至可视化地呈现，都成为当前重要的研究课题。那么，当时时变化的、海量的数据出现在眼前，是怎样一幅壮观的景象？倒是有公司已经在大数据中有接近上帝俯视的感觉，美国就有企业宣称，他们将全球夜景的历史数据建立模型，在过滤掉波动之后，做出了投资房地产和消费的研究报告。

（二）企业信息依赖性

大数据是信息通信技术发展积累至今，按照自身技术发展逻辑，从提高生产效率向更高智能阶段的自然生长。无处不在的信息感知和采集终端为我们采集了海量的数据，而以云计算为代表的计算技术的不断进步，为我们提供了强大的计算能力，这就围绕个人以及组织的行为构建起了一个与物质世界相平行的数字世界。大数据虽然孕育于信息通信技术的日渐普遍和成熟，但它对社会经济生活产生的影响绝不限于技术层面，它在本质上其实是为我们看待世界提供了一种全新的方法，即决策行为将日益基于数据分析做出，而不是像过去那样，更多凭借经验和直觉做出。

（三）企业数据影响

随着社会的发展，计算机网络技术的发展速度也越来越快，大数据的影响并不仅仅限于信息通信产业，而是正在“吞噬”和重构很多传统行业，广泛运用数据分析手段管理和优化运营的公司其实质都是一个数据公司。麦当劳以及苹果公司等专卖店的位置都是建立在数据分析基础之上的精准选址。而在零售业中，数据分析的技术与手段更是得到广泛的应用，传统企业如沃尔玛通过数据挖掘重塑并优化供应链，新崛起的电商如京东商城、淘宝网等则通过对海量数据的掌握和分析，为用户提供更加专业化和个性化的服务。

三、大数据时代信息管理面临的实际问题

信息数据收集、汇总、分析、处理、存储、利用和共享是信息管理的基本流程。多数的信息数据管理都遵循基本的数据信息流程，大数据技术应用到信息管理流程中，其信息

管理基本程序不会发生根本性变化。在数据收集汇总、数据分析存储和数据分享利用，这3个主要程序阶段当中，大数据所面对的数据信息等量级要远远超过传统形式信息管理所面对的数据量，在海量数据面前，做好数据收集、分析和解析成为关键。目前来看，大数据时代信息管理面临三方面主要问题。

一是数据收集与汇总工作更加复杂。大数据一个显著特点就是信息数据的多样性，其信息数据的来源极其广泛，数据类型也更加复杂，在复杂的环境下，信息管理面临更大挑战。大数据提供的数据关联和聚合技术，使收集汇总的数据信息能够按照统一标准和结构进行存储，进而为后期的数据利用提供保障。

二是数据分析面临新挑战。信息管理的重点和核心是数据的分析。大数据的价值产生根本在于数据的有效分析，从异构数据源抽取到集成数据构成了数据分析的基础原始数据，根据不同应用的实际需要，可以从这些具体数据当中选择全部或者部分的数据进行相应的分析和对比。大数据在规则等方面产生了变化，数据分析的类别化差异明显，结合应用实际，有针对性地实现数据分析，成为信息管理的新挑战。

三是数据解析和管理呈现多元化。数据分析和管理是大数据的技术核心。在整个数据解析过程里，其运算规则是复杂多变的，所形成的数据信息存储管理也表现出复杂性和多样性特点。大数据时代信息管理在数据信息解析和管理方面要积极应对多元化要求，继而提升信息管理水平和质量。

四、企业信息资源管理的难点

（一）结构复杂多样，统一标准规范难

大数据这一结构复杂多样的特性给信息资源统一标准和规范的建立带来麻烦，使得体量庞大的结构化和非结构化的信息资源处于无序组织状态。标准化、规范化企业信息资源是未来企业信息化建设的重点和难点之一。

（二）动态性与交互性并存，实时精准管控难

互联网信息是企业信息资源的重要组成部分，互联网信息的动态性是显而易见的，具有很大的自由度和随意性。同时，交互性是网络信息传播的最大特点，互联网形成了企业与用户沟通的桥梁，企业和用户共同参与，使得信息双向流动。企业对信息资源实时精准控制难度越来越大。

（三）数量庞大且内容多样，深层价值挖掘难

一方面是与外部的客户、合作伙伴通过文本信息、社交网络、移动应用等形式进行互动时产生大量的数据；另一方面是企业内部生产研发、综合办公、视频监控等日常经营管

理活动产生的大量信息。企业在PB级甚至EB级的数据中寻找相关信息无异于大海捞针，利用信息驱动决策的成本和复杂性与日俱增。

（四）管理体系与技术发展不对称

传统粗放式信息资源管理的整合度不高。大多数企业缺乏有效的方法、手段和机制对信息资源进行管理，无法及时有效地对信息资源进行提取、集成和分析，整合度非常低。

信息资源管理的核心目标就是确保信息资源的有效利用，做到正确决策。企业只有深度认知大数据特征以及大数据给企业信息资源管理带来的难点，才能有序组织和管理结构复杂、大量、实时且潜在价值高的信息，及时、准确地挖掘分析出海量数据信息的潜在价值，确保信息资源的有效利用。然而，多数企业对大数据的认知还只留于表面，导致信息资源的有效利用率偏低。

（五）信息资源管理缺乏数据治理体系化建设

数据治理尚属比较新兴的、发展中的概念。随着大数据、云计算、移动互联网等新一代信息技术的飞速发展，企业亟须数据治理来输出可信度高的数据。然而，目前国内大多数企业在数据治理方面还处于初级阶段，只是做了简单的数据质量检查、数据归档、数据安全等分散性的数据处理工作，没有形成数据治理方法论，数据作为企业核心资产来运作的理念尚未形成，完整的数据治理体系建设缺失。

五、大数据时代信息管理应对策略

在数据信息广泛传播和利用的环境背景下，信息管理要围绕时代特征而不断创新和优化，进而使信息管理保持高水平和高效能。

（一）树立大数据意识

在大数据背景下，信息管理工作面临一系列新问题，提高大数据意识已经成为优化调整信息管理规则，提升信息管理水平的重要举措。在信息管理工作当中要树立海量信息意识和信息规则管理意识。大数据时代，在互联网等应用推动下，数据信息种类和数量呈现出几何倍数增长，大数据下的信息管理意识要围绕数据持续增长和信息管理规则性不断增强而提升，信息管理思维则要随着大数据技术的不断应用而丰富调整，进而满足新时期信息管理的新要求。

（二）完善大数据的分析应用

信息管理依托于大数据技术而发展，有利于信息管理针对性和科学性的提升。在数据收集、分析、应用、存储、共享等各个环节，大数据技术都与传统数据技术有区别，积极运用大数据技术能够有效建立起新的信息管理框架，使信息分类管理更加科学，信息运用更为灵活高效，全面提升信息管理的时效性和专业性。

（三）注重数据信息管理安全性

在互联网信息化时代，数据获取和传输渠道增多，信息管理工作的便捷性更为突出。但数据信息管理安全性问题值得关注，建立符合大数据规则的信息管理安全体系，确保海量数据和多元化信息应用的安全性和稳定性。

第三节　现代企业信息管理的创新

经济全球一体化，现代信息技术的快速发展，知识管理的兴起，对企业的信息过程产生了重要影响，不仅丰富了企业信息管理的内容，而且对企业的信息管理流程、信息组织、信息制度、信息文化、信息人员、信息资源、信息处理技术、信息管理模式和信息系统等方面提出了全新的要求。因此，适应时代的需要，对企业信息管理进行创新，已经成为现代企业提高信息管理水平，优化信息资源配置，提升竞争力最重要的途径。

一、企业信息管理创新的基本原则

企业信息管埋创新是指在统一的目标指导下，依据管理创新和信息（资源）管理的相关理论和思想，对企业现有的信息管理流程进行再造、信息组织结构进行重组、信息制度进行创新、信息文化进行重塑、信息人才进行培养、信息管理模式进行变革、信息系统进行重构和信息技术进行革新的过程。企业信息管理创新应遵循以下基本原则。

（一）要把提高信息管理效率、优化信息过程作为追求的主要目标

提高信息管理效率，优化信息过程和信息资源配置，不仅是企业信息管理创新的主要目标，而且也是企业管理追求的目标。因此，在企业信息管理创新方案的设计中，必须要围绕着提升信息管理效率的目标来进行。同时，企业信息管理创新必须要注重绩效的评价，并要把是否提高了信息管理效率作为信息管理创新绩效评价最重要的依据。从信息过程来看，必须要有利于企业信息资源的收集、分析加工、存储和快速传递，具有较好的信息反馈机制，有利于企业网络化信息管理，有利于企业管理信息价值的及时实现。

（二）最大限度地满足企业的信息需求

企业信息管理创新是为了最大限度地满足企业各个管理层次、各个业务部门的信息需

求，尤其是企业战略决策和创新的信息需求。因此，现代企业信息管理创新必须要把满足企业的信息需求作为出发点和最终归宿。一方面，信息管理创新方案的设计要以企业的信息需求为基础；另一方面，信息管理创新方案优劣最基本的评价标准就是要看能否满足企业的信息需求。

（三）充分利用现代信息技术

现代信息技术和企业信息管理创新之间是一种互动的关系：一方面，现代信息技术的发展，促进了企业信息管理创新，为现代企业信息管理创新提供了良好的环境和条件；另一方面，信息管理创新的实施，又进一步推进信息技术，尤其是企业信息技术（如企业信息系统等）的发展和优化。现代信息技术是企业信息管理创新最重要的支撑工具。信息组织重组、信息管理流程再造、信息管理模式变革、信息系统重构等信息管理创新过程，都离不开先进的现代信息技术。因此，在企业信息管理创新过程中，必须要充分地利用现代信息技术，同时又要构建支撑企业信息管理的信息化平台。

（四）要体现先进性和环境适应性

企业信息管理创新方案的设计，必须要充分体现时代的特征，要融合管理创新和信息管理的最新理论、思想和方法，确保方案的先进性。同时，由于现代信息技术的快速发展，企业的内外部环境变化也比较快，新的管理理念和思想不断涌现，因此，企业信息管理创新方案的设计必须要具有一定的前瞻性、扩展性和灵活性，能较好地适应环境的变化。只有这样，才能有持续的效用和活力。

（五）应符合我国企业的实际情况

发达国家不少企业的信息管理水平比较高。对于国外出现的企业信息管理的成功方法和经验，我们应该进行了解，开展研究，有选择地学习和借鉴，但绝不能盲目照搬。一方面，因为国内企业和国外企业在许多方面都存在着差距，我国社会主义市场经济体制还没有完全建立起来，我国企业正处于转换机制、构造市场经济主体的时候，而国外的企业是完全自主经营的经济实体，在成熟的市场经济环境中经营和发展；另一方面，因为各个国家的文化背景不同。因此，在具体的信息管理创新方案设计过程中，我们不能完全照搬国外的信息管理模式，采用国外的信息管理制度，必须要结合我国具体的国情及企业自身的实际情况来付诸实施。

（六）应全方位将创新贯穿于信息管理的全过程

企业信息管理创新是一项复杂的系统工程，它是一个全方位、多层次的信息管理创新活动。因此，在企业信息管理创新的实施过程中，必须要从企业信息管理所涉及的内容和范围进行全面的系统化创新。如从信息管理层次来看，不仅要进行信息战略管理层创新，而且也要进行信息战术层管理和作业层管理的创新，强调全员性、全方位和全过程，只有这样才有可能达到信息管理创新的目标。

二、企业信息管理创新方案的设计

（一）企业信息组织重组

企业信息组织重组是指在统的目标指导下，根据业务流程重组的理论，对企业现有的信息组织结构进行变革的过程。具体来说，就是要变革现有的功能分散、部门平行和部门隶属的组织结构模式，设立功能集成的企业信息中心。基于现代企业知识管理等需求，结合国内外企业信息组织重组成功的案例，兼顾我国企业自身的特色，应设计如下信息组织重组模型：由企业的副总裁或副总经理担任企业的首席信息官（CIO），并且成立以 CIO 为主的企业信息委员会，作为企业最高的信息决策和咨询机构。信息中心下设信息资源部、信息分析与预测部和信息技术部，全面负责企业信息资源开发与管理。信息中心所辖的 3 部之间是一种分工协作的关系。其结构如图 6–1 所示。

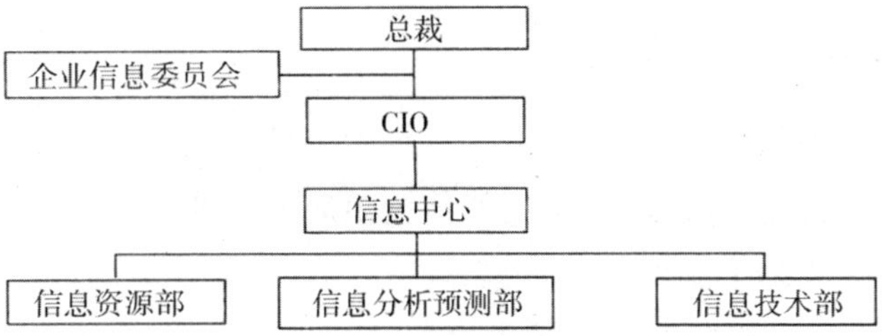

图 6–1　企业信息组织结构图

信息组织在企业中处于参谋中心的地位，如图 6–2 所示。

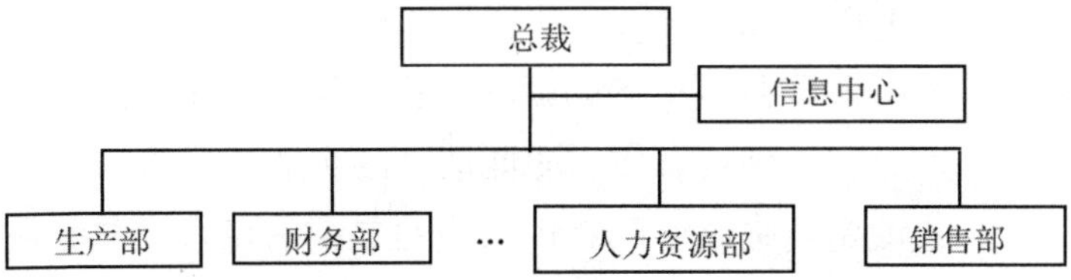

图 6–2　信息组织在企业中的地位

这种决策参谋的信息组织结构模式以信息资源管理为基础、现代信息技术为支持平台、知识挖掘和发现为中心，强调信息技术和信息资源的集成管理，实现企业信息管理功能的集成，突出信息资源在企业决策、战略规划和创新等方面的重要作用。企业信息委员会是企业最高的信息决策和咨询机构，主要负责企业重大信息项目（如 ERP）的决策规划、企业信息政策的审核等。其成员主要由相关部门的管理者及专业技术人员组成。CIO 是负责制定企业的信息政策、标准和程序方法，并对企业信息资源进行管理和控制的高级行政管理人员。

信息资源部主要提供企业常规性的信息服务，强调为企业的研发与创新服务，负责企业信息资源的收集、整理、存储和传递等。它下设文献信息部、信息咨询部和市场信息部等职能部门。

信息分析预测部是最核心的部门，主要面向企业战略决策和规划服务，最重要的任务是进行企业战略规划及创新所需的知识挖掘和发现，同时负责企业的竞争情报研究，竞争对手的跟踪研究，企业商业秘密的分析和研究，企业客户和供应商的分析和研究，企业的市场预测等，定期编写供战略规划部门、决策层或有关业务部门参考的针对性强的信息内参。其下设竞争情报部、信息分析部和信息预测部等职能部门。

信息技术部主要负责企业信息系统（如 EP、SCM、CRM 等）的开发、运行、管理和维护；企业网站的建立和技术维护；Intranet、Extranet、Internet 和电子商务等方面的技术支持。信息技术部既是信息资源部和信息分析与预测部的支持系统，也是各职能管理部门和业务部门的支持系统，其作用极为重要。信息技术部下设系统发展部、技术保障部和网络部等职能部门。

（二）企业信息制度创新

制度创新是管理创新最重要的内容之一。因此，信息制度创新是企业进行信息管理创新的必然选择。企业信息制度创新就是变革传统落后的企业信息制度，建立现代企业信息制度，即首席信息官（CIO）制度。

所谓企业 CIO 制度，就是由企业的最高经营决策层中的 CIO 全面统筹负责企业信息管理活动，下设专门的信息管理职能部门，主要负责组织信息的收集、开发、传播、共享、协调等日常工作。企业 CIO 制度的实施代表了一种全新的现代企业的管理体制与思想，它的引进可以有力地促进工业时代的企业管理体制和流程最终向信息时代转化。

企业信息管理中的 C10 制度具有明确的特点，主要体现在：其一，高中低管理职务相结合，也就是要形成层次分明、结构有序、职能清晰的企业信息管理体系；其二，分散管理与集中管理相结合，也就是要强调专门管理系统的集中信息管理与其他业务管理系统的辅助信息管理的结合；其三，资源管理与综合管理相结合，也就是要把企业信息管理系统功能与企业业务管理功能有机联系起来；其四，现代技术与科学管理相结合，也就是要充分运用现代信息技术和管理技术促进企业信息管理系统现代化。CIO 的主要职责为：参与企业高层管理决策；制订企业的信息政策与信息活动规划；管理企业的信息流程，规范企业信息管理的基础标准；负责企业的信息系统建设规划与宏观管理；为企业经营管理提供有效的信息技术支持：评估信息技术的投资回报问题；宣传、咨询与培训：信息沟通与组织协调。

（三）企业信息文化重塑

企业信息文化是企业及其员工在依赖于信息、信息资源、信息技术为基础的信息活动和经营管理活动中创造的物质文化、精神文化和制度文化的总和。企业信息资源系统和信息技术体系构成了作为物质形态的企业信息文化的主要内容和发展基础。企业信息文化的精神文化主要表现为信息价值观念，是企业个人和群体的、精神的、内化的信息意识和素养的集中体现，也是企业信息组织的基本思想和信念，是企业信息文化的核心。制度文化则是指人们在社会实践过程中缔造的社会关系以及用于调控这些关系的规范体系。

长期以来，我国企业在自身的发展和建设过程中，对企业信息文化的建设并不是十分重视，导致了目前我国企业信息文化建设的滞后，严重影响了今天的企业信息化建设进程，可见，加强企业信息文化建设已经成为当务之急。企业要加强信息文化建设，一是需要领导的重视和实践；二是加强教育和引导；三是积极推进企业信息化；四是建立健全保障机制。

（四）企业信息管理模式的转变

知识管理不仅丰富了企业信息管理的内涵，而且对企业信息过程和信息管理模式、信息工作等方面产生重大冲击并提出全新的要求。因此，现代企业信息管理创新就必然要实现信息管理模式的转变，即从强调显性知识管理的信息管理模式向显性知识和隐性知识集成管理、以人为本的知识管理模式转变。

知识管理包括两方面的内容：一是显性知识的管理，即沿着信息管理的思路，充分利用信息技术，对作为信息深加工产物的知识在信息系统中加以识别、处理和传播，并有效地提供给用户使用；二是隐性知识的管理，即非编码化个人隐性知识的管理。显性知识管理主要是提高企业的信息处理能力和知识处理能力，隐性知识管理则是提高企业创新能力。只有将二者相结合，才能增加企业的应变能力与预测能力，提高决策与管理的效率，从而增强企业竞争力。显性知识管理早在 20 世纪 70 年代中期就已经出现了，它是计算机应用技术的一个发展阶段，一般被称为知识处理。知识处理是由数据处理、信息处理发展而来的，智能处理是其发展趋势。知识处理标志着计算机从处理定量化问题向处理定性化问题迈出了关键一步。而隐性知识管理则是 20 世纪 90 年代中后期才出现的。知识管理的提出固然含有强调知识处理的一面，更重要的是对隐性知识的管理。知识管理狭义地说就是指隐性知识管理，隐性知识管理的出现才真正被视为知识管理的产生。

知识管理也是三维集成化的管理。在技术维度上，知识管理深化了对信息技术的要求，表现在信息向知识演进的处理上，利用数据仓库、数据挖掘、人工智能技术获取信息中隐含的知识；在知识的存储与传播上，利用大型数据库、新型检索技术、智能代理、搜索引擎以及网络技术、组件技术，以保证知识的充分共享。此外，还建立知识管理系统，帮助知识从已知者向未知者传播，如对 LOUTUS NOTES 工作流行软件的利用。在经济维度上，知识管理引入了经济学的研究方法，将知识作为稀缺资源加以合理配置，加强对知识生产途径结构的研究，以促进知识的增长。在人文维度上，知识管理强调系统化的研究方法，把信息与信息、信息与活动、信息与人结合起来，在系统化的空间中发现环境与环境的普遍联系，以有利于知识的发掘、传播和利用。此外还引入新的企业管理模式，即在企业首席执行官与信息主管之间设立知识主管，信息主管把工作重点放在技术和信息的利用上，知识主管则以向实现显性与隐性知识共享提供有效途径为主要职责，把工作重点放在推动创新和培养集体创造力上。而且知识管理还特别注重对企业员工观念的更新和企业文化的再造。知识管理是 21 世纪企业管理模式的新趋势，是“以人为本”的现代管理思想的进一步体现。知识管理也被称为第五代企业管理。

（五）企业信息系统重构

企业信息系统能明显提高管理效率和水平，对此人们已经达成共识。因此，现代企业要进行信息管理创新，提高信息管理的效率和水平，就必须要构建先进、集成化的企业信息系统。

现代企业的新型信息系统需要解决的问题，一是企业内外部信息的集成管理；二是各部门的信息（知识）资源共享问题；三是知识挖掘和知识发现的问题。

具体方案就是建立与企业扁平组织结构相适应的集成化信息系统。企业集成化信息系统应该是在企业现有的规模基础上，采用先进的管理思想、管理模式、管理方法与信息技术进行改造、完善与创新的结晶，既有实用性，又具有一定的超前性。

企业新型信息系统以用户（尤其是战略层用户）为主导，信息（知识）资源管理为基础，应用系统为核心，互联网为纽带，是一种网络化、集成化、基于对象的异构分布模式。

1. 用户

企业新型信息系统的用户按信息技术的应用方式可分为两类：一是 Web Browser 用户，通过互联网存取各类信息（知识）；二是基于 Client/Server 结构的应用系统用户，根据业务要求访问不同的应用系统，并为系统采集信息。

2. 应用服务系统

应用系统是完成企业集成管理信息化的主体，直接实现企业自动化经营管理和生产管理的各项功能，执行各类业务信息的处理，进行数据挖掘和实现知识发现。因此，应用系统应体现先进的管理思想、管理方法和管理技术，强调企业在最佳状态下运行。

3. 信息（知识）资源管理

信息（知识）资源管理是集成化信息系统的基础，应综合采用面向对象技术、多媒体技术、数据挖掘技术和人工智能技术，实现分布式信息（知识）资源的高效管理、集成、重构、共享和知识创新，为用户和企业提供优质的信息服务。

4. 互联网

从企业信息系统模式的演变来看，网络结构从局域网到企业内联网，再发展到企业外联网，功能也从实现企业内部信息的共享到实现企业内外信息的高度共享，联系所有合作伙伴，形成伙伴企业间的虚拟专用网，实现分布式管理和协作。互联网以 Web 模型为标准平台，使用超文本传输协议，对象通信协议等多种协议，结合开放式的应用系统，不仅能实现各类信息和对象的批处理通信方式，还提供联机事务处理和数据库访问的实时信息服务。企业网络与互联网的联通，使企业的经营管理活动融合于全球信息化的环境中，将企业的市场拓展到全球，不仅加强了与上下游合作企业的交流，而且借助互联网快速有效地获取企业所需的各种信息，加强了企业的竞争力。

（六）企业信息管理人才的培养

企业信息管理人才是现代化管理和高新技术的应用人才，是一种新型的复合人才。企业信息管理人才既要掌握最新的信息技术和手段，又要具有信息管理的才能；既要精通专业知识，也要具备一定的法律和经济知识，还要具有较强的创新、综合组织、协调能力。具体来说，企业信息管理人才应具备的素质如下：具有扎实的经济理论、现代管理学理论基础、计算机科学技术及应用能力、掌握系统思想和信息系统分析与设计方法以及信息管理等方面的知识与能力；能够担负起企业计算机网络规划、设计和组网；能够进行企业计算机信息系统的规划、设计与开发；能够开发、利用和管理信息资源；能够根据信息技术和企业发展的要求对企业流程进行再设计；敢于打破常规和传统观念，运用系统工程理论、信息技术对企业原有系统进行重新设计、改造和创新，以求得整个系统性能的最优化；能够利用最新信息资源、跟踪科技发展的前沿，及时吸收先进技术知识，并把它们用于本企业生产经营管理之中；能总揽全局，迅速找到解决问题的方法，擅于依靠集体的力量，发扬团结合作的精神，正确处理好各方面出现的情况。

要加强企业信息管理人才的培养，一是要发挥普通高校人才培养的优势；二是强化继续教育培训；三是广泛开展国际交流与合作，选派企业人员出国深造；四是创造有利条件，吸收引进人才；五是举办高级研修班；六是积极推进技术管理硕士教育项目。

第七章　企业专利管理创新与实践

第一节　专利管理基础知识

一、专利管理概述

（一）专利管理的概念

专利管理既是一种市场行为，也是一种企业行为。企业专利管理是指：企业的专利管理机构和专利管理人员，在企业相关部门的配合和支持下，为贯彻国家制度，促进企业技术进步和创新，保障自己的合法权益，促进企业提高经济效益而对专利事务进行战略策划、规划、监督、保护、组织、协调等活动的总称。

（二）企业专利管理的主客体

企业专利管理的主体是企业的专利管理机构。

企业专利管理的客体是单位或个人涉及专利的各种活动。如专利开发，专利申请，专利的实施，专利权的许可与转让，专利权的保护，专利资产评估，专利信息收集与利用，专利纠纷处理，专利战略研究与运用等。

二、专利管理的内容

企业专利管理是围绕企业专利的申请、授权、保护、利用等方面所进行的工作。从内容上看，涉及专利管理机构的建立与专利管理人员的确定，专利规章制度的建立与完善，专利产权管理，专利信息管理，专利利益分配与奖励等内容。从管理的层次上看，它可以分为战略性专利管理、决策性专利管理和事务性专利管理。

三、专利管理的地位与作用

（一）专利管理的地位

企业专利管理是企业经营管理系统的重要分系统。这一分系统是以主管和统筹企业专利工作的主要领导为负责人，以企业专利管理部门为依托，以企业的技术开发、产品设计、市场营销、法律事务管理为支撑的一个有机体系。企业专利管理水平也是衡量其经营管理状况的重要标准，企业专利管理在企业经营管理中占据十分重要的地位。首先，专利对于企业是极端重要的，专利是一种包容法律、技术和经济的垄断权，企业拥有市场独占性强的专利，就可以专利为手段，获得市场竞争的优势。其次，专利管理本身对企业也是十分重要的，通过有效的专利管理，可以激发企业技术研究开发活动，跟踪技术前沿，提高企业技术创新能力和水平。同时，有效的专利管理是提高企业市场竞争力，实现外向型发展的重要保障。企业的竞争在某种意义上是专利技术的竞争。专利管理能引导企业采取积极的策略促使企业专利在数量和质量上提高，从而能够提高企业的竞争力，为实行国际化经营战略奠定基础。

（二）专利管理的作用

企业专利管理渗透到企业新技术和新产品开发、产品销售、产品或技术的进出口贸易等企业生产经营的各个环节，是企业经营管理的重要方面。专利管理也是企业管理的一种主动行为，是企业开展专利工作的主要内容之一。企业开展专利管理，可以促进企业技术创新，合理配置企业的科技资源，促进企业经济与科技的紧密结合。专利管理的作用具体表现在以下几个方面：促进技术创新；合理配置科技资源；促进科技与经济的结合；保持市场竞争优势；及时有效地保护企业正当利益。

第二节　企业专利管理机构及其职能

一、企业专利管理机构及其人员

建立企业专利管理体制是企业专利管理工作的重要内容。在企业专利管理体制中，专利管理部门的建立又是企业专利管理体制建立的关键，其原因在于，企业专利管理的基本事项都是由其承担的。企业的专利管理部门在推动企业有效的专利管理方面具有举足轻重的地位。企业可以根据自身的情况建立专利管理机构并配备相关人员。有条件的企业应配备专职专利工作人员，建立专门机构。其他企业可根据工作需要，明确承担专利工作的机构和专职或者兼职人员。企业专利工作机构的具体组织结构及管理模式，可结合企业自身情况灵活建制，如果企业缺乏条件无法配备专利工作者，可以从社会中介机构具有执业资格的专业人员中挑选企业专利顾问，帮助企业开展专利工作。

二、企业专利管理机构的模式

从企业的实际情况看，专利管理机构的组织形式是由企业专利工作任务确定的，也因企业规模的大小和业务的多少而有所不同。我国企业的专利管理机构的组织形式一般有以下 4 种。

（一）集中管理形式

在企业中设立专利处或专利科，直属于企业主要负责人。或是设在综合技术部门，对企业各部门的专利工作统一管理。

（二）分散管理形式

除了在企业中设立专利处或专利科外，企业还可以在二级单位（研究所等）和其他部门设立专利组（室），负责并独立开展本部门的专利工作。

（三）集中管理和分散管理相结合的形式

在总公司设立专利处（科），各二级单位设立专利组或专利室、直属于专利处，也可以在各基层单位配备专职或兼职的专利工作人员，由专利部门统一管理。形成整个企业专利工作网络。

（四）其他形式

一些规模较小、财力有限的企业，可以不设立独立的专利工作机构，而由其他部门管理专利工作，配备专职或兼职专利管理人员。甚至可以由一个专利代理机构代管专利工作。

专利工作机构的组织形式根据企业的需要和专利工作的职能确定。不论采取何种组织形式，都应以能够最有效地发挥专利作用、执行专利工作目标为原则。只有使专利工作与企业的需要有机地结合起来，使专利工作的方针和做法与企业经营的方针、计划和战略活动融为一体，才能使专利管理机构不断优化、科学和有效。

三、企业专利管理机构的职能

专利工作机构的职责：

（1）制订开展专利工作的规划、计划和管理办法，并纳入企业技术进步的规划中；

（2）负责对职工进行专利法和专利知识的宣传培训工作；

（3）支付企业职工的发明创造活动，为职工提供有关专利事务的咨询服务；

（4）受企业委托，办理本企业专利申请过程中的事宜，管理本企业持有的专利权，办理有关专利纠纷、专利诉讼事务；

（5）参与组织专利技术的实施和管理专利实施许可贸易；

（6）管理、利用与本企业有关的专利文献和专利信息，研究本企业的专利战略，为企业的经营决策服务，保护企业的专利权并注意防止侵犯他人专利权；

（7）依法办理对职务发明专利的发明人或设计人的奖励与报酬；

（8）做好技术和产品进出口中有关的专利工作；

（9）筹集和管理企业的专利基金。

第三节　大数据时代与企业专利管理

一、大数据时代企业专业管理的特点

传统思维之下，专利管理从属于现代企业管理，并且是现代企业管理十分重要的一个部分，贯穿在产品开发、产品销售以及科学创新等多个领域。在大数据的时代，专利管理主要是指将和专利相关的数据进行收集分析，并且融合专业管理的内容。在企业管理人才、流程以及制度的依托之下，促使产品研发、研发创新、专利保护以及相关认资讯等形成有机的互动，并且构建出属于企业的专利管理系统，从而促使专利管理和数据管理相互结合。大数据，本质上属于一种工具以及资源，也可以成为一种思维的方式，将其和企业的专利管理融合，从而有效激发有价值的服务以及管理方面的创新。这不但可以提升企业中专利的地位，而且可以改善企业管理困境，在大数据的支持下，企业专利管理促使企业更好服务企业管理。

二、大数据时代的企业专利管理面临的问题与应对策略

（一）专利大数据搜集的问题以及应对策略

大数据收集过程是对数据进行保障以及提取。专利数据的量相对比较大，不但包括专利的文件数据等，而且包含其他的文献资料，比如，市场资源资料、法律法规数据、人力资源资料等多种数据，这些数据总量基本上都达到了 TB 的级别，部分体量可以达到 PB 的级别。专利数据来源比较广泛，并且数据格式以及种类特别繁杂，其中具有半结构化、结构化以及非结构化的各种数据形式，比如网络博客、广告、视频、图片、新闻、报告等多种类别。换句话说，和专利相关的数据种类多种多样，部分数据还比较难以获取以及存在获取的障碍等，大数据收集的过程中需要克服以下的困难：第一，数据体量过大，难以收集；第二，数据形式以及种类多种多样；第三，数据多元化。只有克服以上三种困难，才能保障数据收集的完整性、及时性以及准确性。其中，企业的专利管理，可以根据专利检索以及定制智能收集的软件实现数据搜集。此外，可以借助商业数据的提供商，将软件收集和人工收集相互结合，从而有效应对大数据收集的困难。

（二）专利大数据处理的问题以及应对的策略

专利数据存在数据来源广、数据量大、数据分布广泛、数据结构复杂以及持续增长等多种特点，相比传统的专利数据，大数据这些特征导致数据处理存在一定的问题。首先，数据异构性，就是专利管理所依靠的数据不是分布在同一数据系统当中，而且分布在多个不同数据系统之中并且通常是以半结构以及非结构化的形式存在，难以通过简单的数据结构加以标识；此外，传统关系数据库难以处理复杂数据结构相关数据。其次，数据存在非完备性问题。换句话说，在大数据的条件下得到的数据包含很多错误信息以及非完整性的信息，处理大数据以及分析大数据之前，应当对非完备性加以处理，之后才能对后续的数据加以分析处理，输出具有价值性的数据。再次，有效性的问题，数据量一般越大，进行处理数据的过程就越长，数据的价值一般是随着实践推迟快速降低直到消失。因此，关于数据的处理应当是高效率、稳定、智能化以及响应更快。最后，数据处理存在很多风险因素，应当保障安全性，企业通过分析处理模型以及处理之后的信息进行专利管理决策，对于企业发展具有重要意义。在专利大数据分析处理过程应当切实保障数据的安全性，才能保障企业决策的准确性以及可靠性。

第八章　企业质量管理创新与实践

第一节　质量管理概述

一、定义

质量管理是指在质量方面指挥和控制组织的协调的活动。质量管理，通常包括制定质量方针和质量目标以及质量策划质量控制、质量保证和质量改进。

二、发展过程

质量管理的发展大致经历了 3 个阶段。

（一）质量检验阶段

20 世纪前，产品质量主要依靠操作者本人的技艺水平和经验来保证，属于“操作者的质量管理”。20 世纪初，以泰勒科学管理理论为代表的管理理论的产生，促使产品的质量检验从加工制造中分离出来，质量管理的职能由操作者转移给工长，是“工长的质量管理”。随着企业生产规模的扩大和产品复杂程度的提高，产品有了技术标准（技术条件），公差制度也日趋完善，各种检验工具和检验技术也随之发展，大多数企业开始设置检验部门，有的直属于厂长领导，这时是“检验员的质量管理”。上述几种做法都属于事后检验的质量管理方式。

（二）统计质量控制阶段

1924 年，美国数理统计学家 W.A. 休哈特提出控制和预防缺陷的概念。他运用数理统计的原理提出在生产过程中控制产品质量的“6 法”，绘制出第一张控制图并建立了一套统计卡片。与此同时，美国贝尔研究所提出关于抽样检验的概念及其实施方案，成为运用数理统计理论解决质量问题的先驱，但当时并未被普遍接受。以数理统计理论为基础的统计质量控制的推广应用始自第二次世界大战。由于事后检验无法控制武器弹药的质量，美国国防部决定把数理统计法用于质量管理，并由标准协会制定有关数理统计方法应用于质量管理方面的规划，成立了专门委员会，并于 1941—1942 年先后公布一批美国战时的质量管理标准。

（三）全面质量管理阶段

20 世纪 50 年代以来，随着生产力的迅速发展和科学技术的日新月异，人们对产品的质量从注重产品的一般性能发展为注重产品的耐用性、可靠性、安全性、维修性和经济性等。在生产技术和企业管理中要求运用系统的观点来研究质量问题。在管理理论上也有新的发展，突出重视人的因素，强调依靠企业全体人员的努力来保证质量此外，还有“保护消费者利益”运动的兴起，企业之间市场竞争越来越激烈。在这种情况下，美国 A.V. 费根鲍姆于 20 世纪 60 年代初提出全面质量管理的概念。他提出，全面质量管理是“为了能够在最经济的水平上、并考虑到充分满足顾客要求的条件下进行生产和提供服务，并把企业各部门在研制质量、维持质量和提高质量方面的活动构为一体的一种有效体系”。我国自 1978 年开始推行全面质量管理，并取得了一定成效。

三、相关特性

质量管理的发展与工业生产技术和管理科学的发展密切相关。现代关于质量的概念包括对社会性、经济性和系统性三方面的认识。

（一）质量的社会性

质量的好坏不仅从直接的用户，而是从整个社会的角度来评价，尤其关系到生产安全、环境污染、生态平衡等问题时更是如此。

1. 坚持按标准组织生产

标准化工作是质量管理的重要前提，是实现管理规范化的需要，“不讲规矩不成方圆”。企业的标准分为技术标准和管理标准。工作标准实际上是从管理标准中分离出来的，是管理标准的一部分。技术标准主要分为原材料辅助材料标准、工艺工装标准、半成品标准、产成品标准、包装标准、检验标准等。它是沿着产品形成这根线，环环控制投入各工序物料的质量，层层把关设卡，使生产过程处于受控状态。在技术标准体系中，各个标准都是以产品标准为核心而展开的，都是为了达到产成品标准服务的。

管理标准是规范人的行为，规范人与人的关系，规范人与物的关系，是为提高工作质量，保证产品质量服务的。它包括产品工艺规程、操作规程和经济责任制等。企业标准化的程度，反映企业管理水平的高低。企业要保证产品质量，一是要建立健全各种技术标准和管理标准，力求配套。二是要严格执行标准，把生产过程中物料的质量、人的工作质量给予规范，严格考核，奖罚兑现。三是要不断修订改善标准，贯彻实现新标准，保证标准的先进性。

2. 强化质量检验机制

质量检验在生产过程中发挥以下职能。一是保证的职能，也就是把关的职能，通过对原材料、半成品的检验，鉴别、分选、剔除不合格品，并决定该产品或该批产品是否接收。保证不合格的原材料不投产，不合格的半成品不转入下道工序，不合格的产品不出厂。二是预防的职能，通过质量检验获得的信息和数据，为控制提供依据，发现质量问题，找出原因及时排除，预防或减少不合格产品的产生。三是报告的职能，质量检验部门将质量信息、质量问题及时向厂长或上级有关部门报告，为提高质量，加强管理提供必要的质量信息。

要提高质量检验工作，一是需要建立健全质量检验机构，配备能满足生产需要的质量检验人员和设备、设施。二是要建立健全质量检验制度，从原材料进厂到产成品出厂都要实行层层把关，做原始记录，生产工人和检验人员责任分明，实行质量追踪。同时要把生产工人和检验人员职能紧密结合起来，检验人员不但要负责质检，还有指导生产工人的职能。生产工人不能只管生产，自己生产出来的产品自己要先进行检验，要实行自检、互检、专检三者相结合。三是要树立质量检验机构的权威，质量检验机构必须在厂长的直接领导下，任何部门和人员都不能干预，经过质量检验部门确认的不合格的原材料不准进厂，不合格的半成品不能流到下一道工序，不合格的产品不许出厂。

3. 实行质量否决权

产品质量靠工作质量来保证，工作质量的好坏主要是人的问题。因此，如何挖掘人的积极因素，健全质量管理机制和约束机制，是质量工作中的一个重要环节。

质量责任制或以质量为核心的经济责任制是提高人的工作质量的重要手段。质量管理在企业各项管理在占有重要地位，这是因为企业的重要任务就是生产产品，为社会提供使用价值，同时获得自己经济效益。质量责任制的核心就是企业管理人员、技术人员、生产人员在质量问题上实行责、权、利相结合。作为生产过程质量管理，首先要对各个岗位及人员分析质量职能，即明确在质量问题上各自负什么责任，工作的标准是什么。其次，要把岗位人员的产品质量与经济利益紧密挂钩，兑现奖罚。对长期优胜者给予重奖，对玩忽职守造成质量损失的除不计工资外，还处以赔偿或其他处分。

此外，为突出质量管理工作的重要性，还要实行质量否决。就是把质量指标作为考核干部职工的一项硬指标，其他工作不管做得如何好，只要在质量问题上出了问题，在评选先进、晋升、晋级等荣誉项目时实行一票否决。

4. 抓住影响产品质量的关键因素，设置质量管理点或质量控制点

质量管理点（控制点）的含义是生产制造现场在一定时期、一定的条件下对需要重点控制的质量特性、关键部位、薄弱环节以及主要因素等采取的特殊管理措施和办法，实行强化管理，使工厂处于很好的控制状态，保证规定的质量要求。加强这方面的管理，需要专业管理人员对企业整体做出系统分析，找出重点部位和薄弱环节并加以控制。

质量是企业的生命，是一个企业整体素质的展示，也是一个企业综合实力的体现。伴随人类社会的进步和人们生活水平的提高，顾客对产品质量要求越来越高。因此，企业要想长期稳定发展，必须围绕质量这个核心开展生产，加强产品质量管理，借以生产出高品质的产品，让企业领导放心，让客户称心。

（二）质量经济性

质量不仅从某些技术指标来考虑，还从制造成本、价格、使用价值和消耗等几方面来综合评价。在确定质量水平或目标时，不能脱离社会的条件和需要，不能单纯追求技术上的先进性，还应考虑使用上的经济合理性，使质量和价格达到合理的平衡。

（三）质量系统性

质量是一个受到设计、制造、使用等因素影响的复杂系统。例如，汽车是一个复杂的机械系统，同时又是涉及道路、司机、乘客、货物、交通制度等特点的使用系统。产品的质量应该达到多维评价的目标。费根堡姆认为，质量系统是指具有确定质量标准的产品和为交付使用所必须的管理上和技术上的步骤的网络。

质量管理发展到全面质量管理，是质量管理工作的又一个大的进步，统计质量管理着重于应用统计方法控制生产过程质量，发挥预防性管理作用，从而保证产品质量。然而，产品质量的形成过程不仅与生产过程有关，还与其他许多过程、许多环节和因素相关联，这不是单纯依靠统计质量管理所能解决的。全面质量管理相对更加适应现代化大生产对质量管理整体性、综合性的客观要求，从过去限于局部性的管理进一步走向全面性、系统性的管理。

四、发展原因

统计质量管理向全面质量管理过渡的原因主要有 3 个方面。

第一，它是生产和科学技术发展的产物。20 世纪 50 年代以来，随着社会生产力的迅

速发展，科学技术日新月异，工业生产技术手段越来越现代化，工业产品更新换代日益频繁，出现了许多大型产品和复杂的系统工程，如美国曼哈顿计划研制的原子弹（早在20世纪40年代就已开始），海军研制的“北极星导弹潜艇”，火箭发射，人造卫星，以至阿波罗宇宙飞船等。对这些大型产品和系统工程的质量要求大大提高了，特别对安全性、可靠性提出的要求是空前的。安全性、可靠性在产品质量概念中占有越来越重要的地位。如，宇航工业产品的可靠性和完善率要求达到99.9999%，即这项极为复杂的系统工程在100万次动作中，只允许有一次失灵。它们所用的电子元件、器件、机械零件等，持续安全运转工作时间要在1亿小时以至10亿小时。以“阿波罗”飞船和“水星五号”运载火箭为例，它共有零件560万个，它们的完善率假如只在99.9%，则飞行中就将有5600个机件要发生故障，后果不堪设想。又如美国某项航天工程，仅仅由于高频电压测量不准，一连发射四次都没有成功。对于产品质量如此高标准、高精度的要求，单纯依靠统计质量控制显然已越来越不适应，无法满足要求。因为，即使制造过程的质量控制得再好，每道工序都符合工艺要求，而试验研究、产品设计、试制鉴定、准备过程、辅助过程、使用过程等方面工作不纳入质量管理轨道，不能很好衔接配合，协调无序，则仍然无法确保产品质量，也不能有效地降低质量成本，提高产品在市场上的竞争力。这就从客观上提出了向全面质量管理发展的新的要求。而电子计算机这个管理现代化工具的出现及其在管理中的广泛应用，又为综合系统地研究质量管理提供了有效的物质技术基础，进一步促进了它的实现。

第二，随着资本主义固有矛盾的加深与发展，随着工人文化知识和技术水平的提高，以及工会运动的兴起等，为了缓和日益尖锐的阶级矛盾，资本家对工人的态度和管理办法也有新的变化，资产阶级管理理论又有了新的发展，在管理科学中引进了行为科学的概念和理论，进入了“现代管理”阶段。现代管理的主要特点就是为了实现更巧妙的剥削，必须首先要管好人，必须更加注意人的因素和发挥人的作用。过去的“科学管理”理论是把人作为机器的一个环节发挥作用，把工人只看成一个有意识的器官，如同机器附件一样，放在某个位置上来研究管理，忽视了人的主观能动作用。现在则要把人作为一个独立的能动者在生产中发挥作用，要求从人的行为的本质中激发出动力，从人的本性出发来研究如何调动人的积极性。而人是受心理因素、生理因素、社会环境等方面影响的，因而必须从社会学、心理学的角度研究社会环境、人的相互关系以及个人利益对提高工效和产品质量的影响，尽量采取能够调动人的积极性的管理办法。在这个理论基础上，提出了形形色色的所谓“工业民主”“参与管理”“刺激规划”“共伺决策”“目标管理”等新办法。这种管理理论的发展对企业各方面管理工作都带来了重大影响，在质量管理中相应出现了组织工人“自我控制”的无缺陷运动、质量管理小组活动、质量提案制度，“自主管理活动”的质量管理运动等，使质量管理从过去限于技术检验等少数人的管理逐步走向多数人参加的管理活动。

第三，在资本主义市场激烈竞争下，广大消费者为了保护自己的利益，买到质量可靠、价廉物美的产品，抵制资本家不负责任的广告战和推销，成立了各种消费者组织，出现了“保护消费者利益”的运动，迫使政府制定法律，制止企业生产和销售质量低劣、影响安全、危害健康等劣等品，要企业对提供的产品质量承担法律责任和经济责任。制造者提供的产品不仅要求性能符合质量标准规定，而且要保证在产品售后的正常使用期限中使用效果良好，可靠、安全、经济，不出质量问题。这就是对质量管理提出了质量保证和质量责任的问题，要求制造厂建立贯穿全过程的质量保证体系，把质量管理工作转到质量保证的目标上来。

第二节　大数据时代企业质量管理的创新思维

作为一名质量工作者，当你走进产品研发室，走进生产车间，走进你的客户中间时，你会忽然发现质量管理的某些理念和方法正在悄悄发生变化，原来普遍适用的一些东西现在好像不那么适用了。例如现代化的在线监测技术使得抽样理论变成了摆设，数据库的应用使得颇具神秘色彩的统计技术变得捉襟见肘，原来保存的大量珍贵的质量管理资料在百度上唾手可得。

质量管理的大数据时代确实已经到来，但是人们对于这种变化似乎还没有做好准备，有些人宁愿假设这不是真的，有时候技术的变化倒逼人们去思考、去转变、去应对。当前，从硅谷到北京，从繁荣的都市到偏僻的山村，随着因特网技术、智能手机、可佩戴计算设备的应用和普及，我们的产品、客户、品牌、技术，甚至我们个人的行为、位置、偏好等每一点变化都成为了可被记录和分析的数据，一个大规模生产、传输、分享和应用数据的时代已经开启。毫无疑问，大数据时代将会对质量管理工作带来巨大的影响。

河南某旅游区，有山，有水，有竹，有鸟，有鱼，有游艇，有宾馆，景点多，旅游资源非常丰富。但是由于开发时间短，知名度不高，游人很少，企业亏损。旅游区的管理者想到了大数据营销，因而改进了门票管理方法，每张门票 80 元，办理一张 VIP 贵宾卡也是 80 元，区别在于办理贵宾卡时你需要填写你的个人信息，贵宾卡是可以重复使用的，一次办理，终生免费。一个看起来赔本的生意，给这个旅游景点带来了大数据，旅游公司针对得来的大数据展开有针对性的营销，人多起来了，生意也好了。

某保健食品生产企业生产过程不稳定，产品质量有问题，质量部长带领几个人使用控制图分析原因，由于使用在线检测方法和ERP技术，收集的数据大大超乎人们的预期，控制图虽没有做成，但是发现了改进的机会，问题迎刃而解了。

这样的例子不胜枚举，大数据确实已经广泛地渗透到质量管理的方方面面。质量改进需要寻找改进的切入点，找不到切入点，任何改进都无法进行。那么切入点在哪里呢？质量管理界的先辈们发明了许多寻找切入点的方法：DCA、DMAIC、假设检验、方差分析、试验设计、回归分析等。但是每一种方法都不会很精准，为了避免这种不精准造成的麻烦，先辈们在发明这些方法的时候提醒方法的使用者注意风险，并且为这种风险定义了一个专门的名称：显著性水平，并用符号a来表示。

这样做当然很好，但是也非常麻烦，并且有可能在做了许多工作以后才能发现，问题的真正根源其实仍然没有找到。究其原因主要是数据太少，假设与实际不符，限制性条件太多，但是在小数据年代，也许只能这样。在这种情况下，人们退一步而求其次，采取多试验几次的方法，期望能解决问题，这有些类似于“试错法”，虽然这些办法并不总是有效，但是总归比没有任何办法要好一些。在大数据时代，这种无奈可以迎刃而解，大数据可以很好地解决这些问题，这种现象在自然界普遍存在，而且自然界也没有那么多的假设。

春末夏初，蒲公英的种子成熟了，微风吹来，这些种子随风飘散，虽然它们不知道自己的目的地在哪里，不知道是否能够活下去，种子太多了，从蒲公英妈妈的角度看，一粒、两粒……甚至大多数种子的去向并不重要，重要的是在每年的初夏，每一块力所能及的土地上，甚至每一条街道上都飘满了蒲公英的种子，蒲公英不想亲自照顾任何一粒种子，而是希望它们离开巢穴，认真把握自己漂泊的方向，以找到最佳生存环境，在那儿繁衍生息。

在一个产卵季，一条金枪鱼能产下一千万个受精卵，也许只有十条小金枪鱼能发育到成年，每存活一条的同时将有数百万条死去，但是这并没有影响金枪鱼种群的数量。

这就是自然界接受浪费行为的方式，这种行为就体现了“有时候浪费是一种美德”。种子和受精卵便宜得可以忽略不计，将它们扔到如此远的地方这一做法似乎有些不负责任，但这正是恰当利用大量机会的正确方式。

质量管理、市场营销、战略分析也正在面临这样一种选择，由于在线检测技术的发展和移动终端的广泛应用，数据已经不像抽样检验时那么难以获得，获得的数据理所当然地也没有抽样那个年代那么宝贵了。过去依赖抽样得来的极其宝贵的实验数据现在变得像蒲公英的种子、金枪鱼的受精卵一样，数量极多，单个数据的价值大打折扣，甚至是一种浪费；但是这正是大数据时代质量管理的魅力，这正是打开质量问题的金钥匙。质量管理的理念应该有一个大的改变，首先要有大数据的意识，要学会收集大数据、分析大数据、使用大数据，要养成一种习惯，学会一种技能，以一种前所未有的方式，通过对海量数据进行分析，获得对产品和服务有巨大价值的信息，进而促进公司绩效的实质性提升。

大数据的精髓在于我们分析信息时发生的四个转变，这些转变将改变我们对于质量管理的思考角度和处事方式。

一、大数据才是财富

在大数据时代，我们不能再认为数据是静止和陈旧的。但是在以前，一旦完成了收集数据的目的之后，数据就会被认为已经没有用处了。比如说，在飞机降落之后，这个班次的飞机票就是一张废纸。在大数据时代，这张飞机票的使命可能刚刚开始，这些数据的积累、存储、检索和分析可能给企业提供一个谁也没有注意到的信息，而这个信息可能给企业的创新、经营和绩效带来巨大的收益。

过去一讲到质量检验，已有共识就是 6 步骤（或 7 步骤），到了“比较和判定、确认和处置”阶段，检验就结束了，收集的样本也完成了历史使命，记录的检验结果也可以归档或传递到下一个工序了。但是在大数据时代，这些检验数据（控制数据、市场数据）则要进入公司的数据库，自动化的数据分析程序则会跟踪这些数据，以找到某些规律性的东西，这些数据是公司经营和管理的财富，有时候这些数据就是公司的核心竞争力，就像谷歌、百度、微软公司一样。

我们的质量工作者已经开始注意收集和利用大数据，开始在大数据的洪流中把握航向，挖掘财富。大数据才是真正的财富，小数据需要人们小心把握，假如把握不好，小数据非但不是财富，还有可能误导人们，使人们不得要领，甚至把人们引入误区。

二、抽样不再时髦

第二个转变就是，在大数据时代，人们可以分析更多的数据，有时候甚至可以处理和某个特别现象相关的所有数据，而不再依赖于抽样。抽样是信息缺乏时代和信息流通受限制的模拟时代的产物，以前人们通常把这看成是理所当然的限制，但高性能数字技术的流行让我们意识到，这其实是一种技术的约束和人为的限制，与局限在小数据范围相比，使用一切数据为人们带来了更高的精确性，也看到了以前无法发现的细节。人们早就发现了抽样的局限性，例如做控制图时使用的合理子组原则，当面对海量数据时已经形成不了组，这种原则就不成为其原则，质量工作者可能不再受这个教条的束缚，人们也不用再去考虑这种概念造成的影响了。

有的企业明明使用了在线检测，配置了高度自动化的数据获取、存储、传输、分析和反馈系统，但因为受到某些所谓技术标准的束缚，获得的检测结果不被认可，这些过时的技术标准已经到了非废止（或修改）不可的地步了。

三、精确度不再重要

第三个改变就是，研究数据如此之多，以至于人们不再热衷于追求精确度。当人们测量事物的能力受限时，关注最重要的事情和获取最精确的结果是可取的。如果购买者不知道牛群里有80头牛还是10头牛，那么交易就无法进行。但是无论是蒲公英还是金枪鱼都不会关注它们的后代到底有多少个。

在小数据时代，因为需要分析的数据很少，所以必须尽可能精准地量化我们的记录。这就像一个小商店晚上打烊的时候要把收银台里的每一分钱都数清楚，但是财政部的工作人员不会这样做，他们不会使用“分”这个单位去精确度量国民经济生产总值。随着大数据时代的到来，质量工作者对于精确度的痴迷将会减弱。

其实，即便是原来使用的所谓精确度，在某些数据的计算时本来就是不靠谱的事情，只是碍于没有大数据的支持，人们只能勉强凑合罢了。例如有人把顾客满意度的数据精确到0.01，这样做要么是不懂装懂，要么就是骗子。因为顾客满意度本来就是一个主观性很强的数据，本来就是使用定量分析的方法来计算定性的现象，不可能有这种所谓的精确性。比如你非常幸运，昨天正巧赶上电信营业部的促销活动，花费200元购买一部苹果手机，你非常满意，到了办公室还沉浸在这种美好的购物体验中。这时，你的同事告诉你，昨天在同一营业部相同品牌的手机最低价格可以免费赠送，你的满意度立刻烟消云散了，这时顾客满意度的小数点是否也应该变化呢？还有品牌价值、市场占有率、员工满意度等数据，这些随时处于变动中的、主观性很强的数据不可能精确地计算出来，但是在大数据时代人们不必计算小数点后边还有几位数字，而是直接得到应该如何采取行动的结论。

四、不必再寻找因果关系

寻找因果关系是人类长久以来的习惯，尽管确定因果关系很难而且用途不大，人们还是习惯性地寻找缘由。相反，在大数据时代，人们无须再紧盯事物之间的因果关系，而应该寻找事物之间的相关关系，这会给人们提供非常新颖而有价值的观点。相关关系也许不能准确地告知某件事情为何会发生，但是它会提醒人们这件事情是否正在发生，在许多情况下，这种提醒的帮助已经足够大了。

相关关系是指通过给找到一个现象的良好的关联物，可以帮助人们捕捉现在和预测未来。如果A和B经常一起发生，只需要注意到B发生了就可以预测A也发生了。这有助于人们捕捉可能和A一起发生的事情，即使不能直接测量或观察到A。更重要的是，它还可以帮助人们预测未来可能发生什么，当然这种预测不可能十全十美，但是这已经非常珍贵了。

沃尔玛公司注意到，每当在季节性飓风来临之前，不仅手电筒的销量增加了，而且蛋挞的销量也增加了。因此，当季节性风暴来临时，沃尔玛会把库存的蛋挞放在靠近飓风用品的位置，以方便行色匆匆的顾客，从而增加销量。

在小数据时代，我们也做相关分析，但是那种相关分析与大数据时代的相关分析有着天壤之别。小数据时代，首先要假设两组（或更多组）相关的数据，然后再假定一个关联物，多数情况下还要再做一些假设使本来就不多的数据变成线性数据，而且还要求它们呈现正态分布，经过这么多次反复的折腾，即便分析出了结果，这些结果又有多少可以相信、有利用的价值呢？在大数据时代，我们再也不用假设蛋挞与飓风之间是否存在正态分布关系，而可以直接得出结论，采取应对措施。我们可能用不着争论顾客满意度与顾客忠诚度孰高孰低的问题了。

我们现在拥有如此多的数据、如此好的计算设备和计算机软件、如此高效的通信终端，因而不需要人工选择一个关联物或者一小部分相似数据来逐一分析了。海量数据、众多变量之间有没有关系，什么关系，这些关系的影响会造成什么结果，再也不用进行盲目假设了，一切交给计算机即可。大数据时代的相关关系分析更准确、更快捷，而且不易受偏见的影响。

在质量管理领域，一种被称为“预测分析法的方法已经被广泛采用，它可以预测事件的发生。在机器、发动机、大型动物、桥梁和大型建筑物等对象上放置传感器变得越来越平常了，这些传感器被用来收集、记录和传输散发的热量、振幅、承压和发出的声音等信息。一个东西要出故障，不会是瞬间的，而是慢慢地出问题的。通过收集所有的数据，我们可以通过鱼线捕捉到事物要出故障（或其他变化）的信号，比方说动物的叫声、发动机的嗡嗡声引擎过热、支撑变形等参数的改变都说明它们要出现某种变化了。系统把这些异常情况传输给中心数据库，中心数据库的计算设备就能够把这些异常情况与正常情况进行对比，就会知道什么地方出了毛病，并得出这些毛病的性质、紧急程度和相应的对策等信息。通过尽早发现异常，系统可以提醒我们在故障出现之前更换零件或者修复问题。通过找出一个关联物并监控它，我们就能控制现在、预测未来，这正是质量管理期盼解决的问题。

大数据时代的道路上没有戈多，只有不停息的奋斗。不论是否意识到大数据时代的到来，我们都已经出发了。我们已经在路上，极目远眺，我们不知道这条道路的终点在哪里。但是变化是不可逆转的，大数据时代对于质量管理的影响将会是巨大而深远的。即使不愿意承认这种现实，那可能也没有关系，大数据仍然会在质量管理领域的角角落落中传导、扩散、累积，它影响着我们的工作，甚至左右我们的产品和服务。

参考文献

[1] 张宪 . 企业管理创新与实践 [M]. 北京 ：现代出版社，2020.

[2] 胡青 . 中小制造企业管理创新与实践 [M]. 杭州 ：浙江人民出版社，2019.

[3] 李雪 . 现代企业管理创新与实践探究 [M]. 长春 ：吉林人民出版社，2019.

[4] 杨敏 . “互联网 +”背景下企业管理创新与实践 [M]. 北京 ：现代出版社，2020.

[5] 田占广 , 冷思平 , 王明雪 . 现代企业管理与创新 [M]. 南昌 ：江西科学技术出版社，2020.

[6] 韩小汀 . 企业管理与企业文化 [M]. 北京 ：中国劳动社会保障出版社，2019.

[7] 万发良 . 企业管理信息系统建设与模式创新 [M]. 北京 ：中国商业出版社，2020.

[8] 孙义 , 黄菊英 . 大数据财务分析 [M]. 北京 ：中国财政经济出版社，2020.

[9] 汤滨 . 大数据定义智能运维 [M]. 北京 ：机械工业出版社，2019.

[10] 徐炜 . 大数据与企业财务危机预警 [M]. 厦门 ：厦门大学出版社，2019.

[11] 徐颖 . 大数据与企业财务管理信息化建设研究 [M]. 长春 ：东北师范大学出版社，2019.

[12] 张慧 . 大数据时代企业人力资源管理创新研究 [M]. 北京 ：原子能出版社，2020.

[13] 赵越，梁晨，李硕 . 大数据时代下企业档案理研究 [M]. 昆明 ：云南科技出版社，2020.

[14] 金宏莉 , 曾红 . 大数据时代企业财务管理路径探究 [M]. 北京 ：中国书籍出版社，2020.

[15] 曹宇波 . 大数据时代下的企业财务风险管理研究 [M]. 北京 ：北京工业大学出版社，2020.

[16] 王萌 . 大数据驱动的协同制造机理及支撑技术研究 [M]. 北京 ：中国经济出版社，2020.

[17] 涂扬举 , 陈劲 . 智慧企业理论框架与体系 [M]. 北京 ：科学出版社，2019.

[18] 蒲晓芳 . 大数据背景下企业营销研究 [M]. 长春 ：东北师范大学出版社，2019.

[19] 成娅 . 大数据背景下企业人力资源管理研究 [M]. 北京 ：新华出版社，2019.

[20] 于凌云 . 大数据背景下企业 ERP 管理及应用研究 [M]. 哈尔滨 ：东北林业大学出版社，2020.

[21] 叶宝忠 . 基于大数据背景的制造企业供应链管理创新研究 [M]. 北京 ：新华出版社，2019.

[22] 刘盼 , 宋海草 , 周福礼等 . 基于大数据信息的知识供给型供应链运营机制研究 [M]. 北京 ：中国农业出版社，2020.